启动合弄制

自组织运行的成熟方法与高效实践

［荷］迪德里克·詹斯
（Diederick Janse）
［荷］马尔科·博格斯（Marco Bogers）
著
李小霞 译

Getting Started With Holacracy
Upgrading Your Team's
Productivity

人民东方出版传媒
People's Oriental Publishing & Media
东方出版社
The Oriental Press

图字：01-2023-1253 号

Getting Started With Holacracy：Upgrading Your Team's Productivity

Copyright © 2020 by Diederick Janse & Marco BogersAll Rights Reserved. This translation published under license.

中文简体字版专有权属东方出版社

图书在版编目（CIP）数据

启动合弄制：自组织运行的成熟方法与高效实践／（荷）迪德里克·詹斯（Diederick Janse），（荷）马尔科·博格斯（Marco Bogers）著；李小霞 译．—北京：东方出版社，2023．12

书名原文：Getting Started With Holacracy：Upgrading Your Team's Productivity

ISBN 978-7-5207-3685-5

Ⅰ．①启⋯　Ⅱ．①迪⋯ ②马⋯ ③李⋯　Ⅲ．①组织管理学　Ⅳ．①C936

中国国家版本馆 CIP 数据核字（2023）第 192054 号

启动合弄制：自组织运行的成熟方法与高效实践
（QIDONG HENONGZHI：ZIZUZHI YUNXING DE CHENGSHU FANGFA YU GAOXIAO SHIJIAN）

作　　者：	［荷］迪德里克·詹斯（Diederick Janse）　［荷］马尔科·博格斯（Marco Bogers）
译　　者：	李小霞
责任编辑：	申　浩
出　　版：	东方出版社
发　　行：	人民东方出版传媒有限公司
地　　址：	北京市东城区朝阳门内大街 166 号
邮　　编：	100010
印　　刷：	北京明恒达印务有限公司
版　　次：	2023 年 12 月第 1 版
印　　次：	2023 年 12 月第 1 次印刷
开　　本：	880 毫米×1230 毫米　1/32
印　　张：	9.375
字　　数：	200 千字
书　　号：	ISBN 978-7-5207-3685-5
定　　价：	69.00 元

发行电话：（010）85924663　85924644　85924641

版权所有，违者必究

如有印装质量问题，我社负责调换，请拨打电话：（010）85924602　85924603

序 一

我从事 GTD①的实践工作已经有十多年了，我喜欢它带给我的清晰的感觉。人们经常错误地认为，GTD 不过是一种制定任务列表的新颖方式；但我认为，真正的秘诀是，它独特的流程能够帮助我们获得清晰的思路。正如个人和组织效率思想家戴维·艾伦（David Allen）所说，保持思路清晰是做事有条理的根本策略，也是达到"心如止水"（Mind Like Water）的必要条件。一旦能快速而可靠地获得清晰的思路，生产力自然就会提高。

然而，当你作为团队成员与大家一起工作时，仅靠个人保持思路清晰是不够的。如果有什么不同的话，那就是它反而加剧了你的痛苦。因为一旦尝到了清晰思考的滋味，你就会更清醒地意识到，什么时候事情变得不清不楚了。有可能大家都清楚下一步应该做什么，但不清楚应该由谁来做。谁该负责这件事？什么时候你需要别人的帮忙，什么时候自己做就可以？所有这些问题都指向一个挑战：作为一个团队，如何获得这种清晰感？

在团队中工作，除了需要在个人层面上保持思路清晰之外，还需要另一个层面上的清晰。当缺乏这种清晰感时，各种掣肘

---

① GTD，Getting Things Done，搞定——无压工作法。

就会出现，团队的生产力和心流（Flow）就会受到影响。你大概对这种影响并不陌生，因为它们几乎出现在每个团队中。一种现象就是寻求认可和支持——在你要推动某件事的时候，因为没有清晰的流程告诉你需要得到谁的批准，你就会试图在行动前得到同事们的认可和支持。再看另一种现象：人们在发电子邮件的时候，总喜欢抄送给所有人；这也是缺乏清晰流程的表现。这说明你不知道要跟谁说这件事，以及为什么要跟这个人说这件事。还有一种现象：人们总希望自己的决定得到老板的支持。这说明他们不知道自己的权限在哪里，不知道什么时候可以运用自己的判断力。或者，还会看到这种现象：当你很沮丧，认为同事没有达到某种在你看来很自然的要求时，他们却并不这么看。这些都是流程不清晰的表现。

在我从业的早期，我坚信一定有更好的方法可以让一个团队协调一致地工作。作为一个团队，甚至是一个组织，如何才能达到"心如止水"的境界？这是一个很大的问题，我花了很长时间才找到答案。经过多年的试验，在和其他人共同努力下，我们找到了一种新的方法，这种方法就是"合弄制"（Holacracy）。这是一种管理和运营一个团队或组织的新型"社交技术"。随着合弄制的发展，GTD 对团队的系统和流程变得越来越有影响力。正如戴维·艾伦所说："合弄制和 GTD 之间有很多相似之处——这是一种让组织达到'心如止水'的境界的方法。"合弄制会找出所有不清晰或不正常的环节，然后将它们引上一条清晰并有效的路径，最后变得清晰起来。

有些人错误地认为，合弄制就是一种开会的方法，就像他们认为 GTD 就是一种制定任务列表的方法一样。但任何真正实

序 一

践过 GTD 的人都知道，它其实改变了你对工作的思考方式。你会用一种新的语言去描述项目和你的下步行动。这些词在 GTD 中具有不同的、更明确的含义。同样，合弄制也提供了一种新的语言，用来明确描述团队的期望和各自的职责。它改变了权限运行的模式，以及设定期望的方式。这些东西不是仅靠开会就能解决的。它改变了权限运行的基本结构，并最终改变了日常工作的方式。

当你把这种新的方法运用到组织中，获得清晰的感觉后，会发生什么？在十多年对 GTD 的实践中，我发现当我更清晰地处理未尽事宜，完成更多的任务时，我的工作量并没有减少。恰恰相反，在这个高效的系统和"心如止水"的境界的加持下，我有了更多的空间来解决新的问题，面对新的挑战。对于一个组织同样如此。当合弄制帮助你的组织达到"心如止水"的境界后，你会发现自己上了一个新台阶，会面对一个更高阶的挑战。在合弄制的帮助下，你的团队会完成更多的任务。你们会沉浸在心流中完成这些任务，而不是像现在的很多团队那样，在压力和办公室政治的阴影下做事。

因此，我希望你能认真阅读这本书，从荷兰两位合弄制最早的支持者迪德里克·詹斯（Diederick Janse）和马尔科·博格斯（Marco Bogers）那里了解合弄制。我想，如果你希望自己的团队变得更透明、更高效，你会珍视他们的观点的。

祝你阅读愉快！

合弄制的开创者布赖恩·罗伯逊（Brian Robertson）
宾夕法尼亚，伯奇伦维尔

序 二

你的第二份工作

哈佛大学的心理学教授罗伯特·凯根（Robert Kegan）曾在他的著作《人人文化——锐意发展型组织》(*An Everyone Culture*：*Deliberately Developmental Organization*，简称DDO）中提出了一个很有意思的概念，叫作第二份工作。

在如今的大部分企业，无论是大型企业还是中小型公司里，以及商业机构、非营利机构中，或是政府、学校、医院里，每个人实际上都在做着没有报酬的"第二份工作"。大部分人花费不少的时间和精力努力在工作场所中掩盖自己的弱点，尽量让自己显得专业、理性和强大。

这样的"印象管理"工作，是我们在官僚机制下生存的法宝：隐藏自己的不足和胆怯，不能失败只能成功。只有这样，我们才有可能在组织内获得更多的认可、资源、晋升，当然，还有权力和利益。

我们每个人都默默地卷入这样的"第二份工作"，"第二份工作"当然需要从你的"第一份工作"中分得很多的精力和资源去维护，只是这份工作于你没有报酬，对公司而言更是一笔巨大的隐形资源浪费。只要公司持续运转，这样的资源浪费就在持续。更重要的是，这将妨碍组织及个体最大化地发挥其潜能。

在我看来，合弄制自组织系统正是从根源上帮助我们扼杀"第二份工作"的利器。

合弄制是什么？是底层操作系统，你可以简单地将其理解成 IOS 系统。千万不要把合弄制和其他一些管理方法、框架在组织里的运用等同起来，比如新的目标管理、领导力模型，或者项目管理方法等。这些我们称为 App（应用程序）。合弄制彻底移除了组织里"上司+下属"的超稳定权力结构，一旦这个底层结构被打破、被重构，可以想象，构建在其上的所有 App（各种日常管理程序）也将全部被重构。

作为一名组织效能管理领域的工作伙伴，当我十年前第一次去西雅图学习合弄制的整个框架时，我的职业认知是被震碎的。毫不夸张地说，今天，在大部分的组织里，至少我工作的领域（战略、组织、企业管理）中几乎所有的管理体系、框架、流程、工具、方法都是建立在旧有的（科层制）系统之上的，是建立在"上司+下属"的逻辑关系之上的。小到员工日常加班要报销一张出租车票的审批流程，大到制定年度的 OKR（目标与关键战果）、战略，无不透露着权力层级结构在其中的影响。HR（人力资源）的诞生是为科层制服务的（在《重塑组织》一书中，作者提到，橙色组织，即科层制创造了 HR），来到合弄制自组织，HR 将渐渐消亡（或者以某种全新的姿态呈现，虽然依我的个人意志是希望它消亡）。因为当你把一个原点问题解决之后，后面的 100 个问题将自动消失。

这也是为什么我认为合弄制可以从根本上扼杀组织里的"第二份工作"。这也是为什么本书提到的自组织可以大幅提升组织生产力。我认为这里所说的"提升"不是优化当下，而是重构系统带来前所未有的提效。特斯拉（Tesla）关注的不是如何提升发动机的效率，而是彻底干掉这个问题，用新的系统！

也因此，当很多表示他们想要实践合弄制自组织时，我都会再三与其领导者确认，你真的想好了吗？正如我们看到的，企业变革往往以失败告终，受阻于惯性、利益、固有思想等。而想要实践合弄制更是难上加难。

为什么搞自组织这么难

首先，当我们谈到组织变革时，总觉得这是HR的工作。毫不客气地说，依我（至少我）在国内推动自组织落地这么多年的经历，到目前为止，我从来没有看到任何一家企业是纯粹依靠HR就把这件事情推动成功的。毋庸置疑，这是"一号位工程"，我们可以想象，自组织是一场腥风血雨的权力结构转变，要拿走许多人手中的权力重新进行分配，从某种角度来讲，HR也是卷入其中的一分子，因此很难有高维视角来统筹定夺。

如果一家企业想要实现自组织转型，一号位一定要对此有所承诺，挂帅先行。要让组织里的人看见，哇哦，原来老大要来真的了。我遇到过很多有意思的实例，比如一位首席执行官把自己的办公室砸掉，并把砸办公室的视频发给公司全体员工；再比如有位创始人，把自己日常各种审批的权限分10个月，每个月下放10%，作为自己当年的OKR指标；还有一位首席执行官提前半年向公司全体员工发布了个人休假计划，计划休半年，用这样的方式倒逼自己和团队尽快授权。很有意思，这样有趣的故事非常多。总之，这些一号位都在用自己特有的方式向整个组织传递一个信号：我是认真的，我第一个来。

其次，你需要做好接受低效混乱的暴击的心理准备。千万不要把这场变革想象得井井有条，正如本书中提到的敏捷一样，整件事情是无法在最初被完美计划的。自组织转型，将涉及每个人，涉及工作的方方面面：以前我做什么只要听老板的就行；两个人发生冲突吵架，找领导评理去；其他部门的同事欺负我，找老大给我撑腰。现在这个角色在合弄制自组织里面没有了！你可以想象员工会不会乱？

到这个时候，很多一号位就撑不住了。若你问我合弄制转型失败最主要的原因是什么，在我看来，就是无法跨越这个变革曲线的洼地。一旦跌入谷底，各种声音、阻力扑面而来，这时一号位往往就开始焦虑、自我怀疑、信心降低：要不就还是回去吧……

其实，在我看来这是再好不过的练习场。正如同本书提到的合弄制的一个重要概念"张力"（tension），这些阻力、声音、反对、焦虑等，你都可以把它们看作张力。太好了，下一步我们就一起来练习如何推动张力，练习如何开好合弄制"两会"，练习如何在自组织下敏捷前行。

另一点建议便是，任何组织变革都要以解决问题为核心目的。合弄制本身绝不是目的，目的是解决问题。需要思考如何将这个变革和不同群体的利益捆绑在一起。比如领导者抱怨管理团队疲于奔命，成天为团队擦屁股，各种管理机制（绩效考核、OKR等），天天给HR交作业令人反感。比如员工不满自己的潜力没得到发挥，没有成长空间，领导总是事无巨细管理员工，员工没有掌控自己工作的机制。这些在自组织中其实都有方法可以解决。这几年，我在支持很多公司做自组织转型的过程中，都会建议一号位不要再提我们要搞合弄制、搞自组织、搞青色组织了，因为人们是很容易反对一个概念的。但是如果你跟员工说，我们现在要解决一些效率的问题、人才发展的问题（合弄制中的一人多角色充分释放员工潜能）、开会低效的问题（合弄制"两会"简直是提升会议效率的法宝），一般是不会有人反对的。

最后，就是一号位和核心管理层一定要对清假设。无论是在国外还是国内，真正能把合弄制落地步入正轨在组织里运行好的，都是一号位对人性、对管理有自己明确的判断和强烈的主张。去年我支持一家大厂落地 OKR，高管层开会制定 OKR 请我去主持会议，现场每个人在线上系统打开自己的 OKR，发现彼此的信息都是不公开的。什么意思呢？就是你在系统上看不到我的 OKR，我也看不到你的。对此我感到非常震惊，询问 HRD（人力资源总监）这是为什么（我默认 OKR 的一个基本理念就是信息绝对开放）。HRD 告诉我，他们担心团队外的人看到自己团队的业务数据会影响保密，万一信息泄露了怎么办。

X 理论和 Y 理论，是管理学中关于人们工作原动力的理论，由美国心理学家道格拉斯·麦格雷戈（Douglas McGregor）于 1960 年在其著作《企业的人性面》中提出。这是一对基于完全相反假设的理论：X 理论认为人们有消极的工作原动力，而 Y 理论则认为人们有积极的工作原动力，即麦格雷戈的人性假设与管理方式理论。

一个秉持着 X 理论的管理者，是无论如何都做不好自组织的。这么多年，我被无数次问及的问题就是，自组织了，如果员工不能管好自己怎么办？人都是需要被管的，一不被管，就肯定偷懒、钻空子。如果是持这种假设的管理者，我建议他还是继续科层制比较好。按照我的观点，有什么样的领导者，就会拥有什么样的团队。当然，也有许多员工会在企业转型过程中表示希望回到旧有模式去，有大把这样的员工，对此我是很能理解的。职场里的"巨婴"总是需要"家长"来照料。

另一点对自组织的误解便是，自组织就是"没人管"。完全不是！自组织的核心逻辑，是将权力从一小撮"人"身上，一部分转移到"每个人"身上，还有一部分则转移到"系统""制度"上。这就是合弄制里面非常经典的治理机制（Governance System）。简单而言，就是从人治到法治。自组织不是乌托邦，不会让你为所欲为，违反规则的人也会被踢出局；自组织更不是慈善机构，不会让你在里面混日子，不能创造价值、无法服务好团队目标的人，也会被圈子请走，甚至比传统组织的清退更快、更激进。

我日常的主要工作之一，就是陪伴很多团队开好合弄制"两会"：战术会议、治理会议。在开会过程中，团队会渐渐养成一个习惯，就是在讨论话题时会说，那我们生成一条规则吧，那我们给某位同事的角色增加一条职责吧，以后这个事情就由他负责这样做。你会发现，其实团队的这个动作，原本都是需要领导者推动决策的，而现在通过合弄制的治理决策机制，团队可以共同作出决策了。

相遇

我与本书的作者迪德里克和马尔科是多年的朋友，他们现在都居住在荷兰。

序　二

七年前，我曾经邀请马尔科来中国分享合弄制、GTD 以及青色组织，并支持一些中国本土企业做自组织转型。马尔科有一个观点：不做 GTD，就很难做好合弄制。我一度认为这两件事情是可以分开的，所以一有机会就与他探讨。他说："GTD 的价值是帮助人们非常高效地管理好自己的工作，而合弄制这个系统则是让每一个高效的个体能在一个相对较低内耗磨损的系统中充分协作，发挥价值。高效的个体，无法忍受低效的组织。反之，高效的组织，也无法容纳低效的个体。就这么简单！"

五六年前，我曾经与迪德里克一起去比利时参加一个学习活动，主题是 Socioracy & Agile Colloberation（全民共治与敏捷协作）。因为我们同是合弄制的认证教练，所以在学习过程中就聊了很多。坦率地讲，我当时的学习过程是非常困惑和混乱的，因为脑子里有好几套不同又相关的系统在打架。我认为，组织在选择实践哪套自组织系统时，是必须清晰作出选择的，说白了就是不能既做点合弄制（Holacracy）又做点全民共治（Socioracy）。迪德里克则不这么认为，他给我举了一个很有意思的例子，他说：就像是一个品酒大师，真正的大师是无论什么酒，红酒、白酒、威士忌、朗姆，都能自然品出好坏。他甚至不认为合弄制和科层制有什么冲突。企业无须作出二选一的决定，一个真正卓越敏捷的组织，肯定是在不同的时期、不同的场景、不同的动作上，时而展现出自主，时而展现出集权。

这之后，我接触到了《领导力意识进化》等一系列关于个人意识进化领域的图书、理论。至此我才明白，就我们想去的进化之路，无论个体也好，组织也罢，是有弹性的，是有包容性和整合力的，是有敏感性感知当下的环境与意图，自如运用不同的手段的。

总之，今天很开心，我们有机会通过这本书走进迪德里克和马尔科的自组织实践之旅。

小飞（薛阳）

中国组织进化年会发起人

合弄制中国认证教练

目 录

概 述 ·· 1

第 1 章 提升团队生产力

1.1 张力 ··· 11

1.2 GTD（无压工作法）·· 21

1.3 GTD 的局限性 ·· 32

第 2 章 合 弄 制

2.1 团队版本的 GTD ··· 45

2.2 合弄制概述 ·· 57

2.3 张力是燃料 ·· 60

2.4 实施合弄制 ·· 71

第 3 章 角色和职责

3.1 缺失的桥梁 ·· 82

3.2 明确期望 ··· 85

3.3 定义初始角色 ··· 88

3.4 记录每天的活动 ·· 90

3.5 明确角色和职责 ·· 94

3.6 分配角色 ··· 99

I

第 4 章 治理会议

- 4.1 根据张力调整角色 …………………………… 108
- 4.2 治理会议的结构 ……………………………… 110
- 4.3 综合决策流程 ………………………………… 121
- 4.4 引导员和秘书 ………………………………… 129
- 4.5 综合选举程序 ………………………………… 140

第 5 章 胜任角色

- 5.1 担任角色 ……………………………………… 149
- 5.2 处理张力 ……………………………………… 152
- 5.3 完整的、最新的综述 ………………………… 158
- 5.4 每周回顾 ……………………………………… 161
- 5.5 制订计划还是制定优先级 …………………… 171
- 5.6 基于角色的合作 ……………………………… 173

第 6 章 战术会议

- 6.1 协调圈子中的工作 …………………………… 187
- 6.2 战术会议的结构 ……………………………… 190
- 6.3 项目看板 ……………………………………… 196
- 6.4 引导员和秘书 ………………………………… 200
- 6.5 站立式短会 …………………………………… 206

第 7 章 分布式领导力

- 7.1 合弄制中的引导链接 ………………………… 217

7.2 合弄制适合每一个人吗？ ………………………………… 225
7.3 动态操作 …………………………………………………… 233
7.4 回顾 ………………………………………………………… 241
7.5 熟能生巧 …………………………………………………… 244

第8章 在一个组织中实施合弄制

8.1 扩展到多个圈子 …………………………………………… 253
8.2 下一步 ……………………………………………………… 258

附录一 GTD无压工作法 …………………………………… 267
附录二 合弄制 ……………………………………………… 270
术语表 …………………………………………………………… 277

概 述

许多团队在无休止的会议、干扰和各种杂事中浪费了无数时间，更不用说还有很多人常常被淹没在电子邮件的海洋中。作为培训师和顾问，我们总会问自己一个问题：为什么在团队中，想真正高效地工作这么难？即使你采用了一些方法，成功地提高了生产力，也总要依赖团队成员合作。我们似乎经常彼此作对，因此，"祝你人手充裕"这句话可能是祝福，也可能是诅咒。然而，合作是生产力的主要来源。事实上，一个人能否高效工作与一个团队能否高效工作之间的区别，完全取决于合作的效率如何。这最终会决定一个团队的成功或失败。

能够驾驭合作技巧的团队可以取得令人难以置信的成果。这样的团队可以激发人们最好的一面，创造出最佳流程所需的条件，并远远地超越他们自己。这样的团队已经证明，即使作为一个团队，也可能达到"心如止水"的境界。在解决团队生产力以及合作方面，有许多技巧和方法。其中包括面向整个团队的时间管理课程［例如，我们稍后会讨论的基于戴维·艾伦《搞定：无压工作的艺术》(Getting Things Done) 一书的课程］，面向经理的指导培训，或者实施诸如"迭代式增量软件开发方法"(Scrum) 这样的敏捷（Agile）项目的管理方法。我们尝试过许多不同的方法，但仍然没有找到可以实现持久改进的方案。我们认为，这些方法都没有解决问题的核心。团队面临的挑战并不是可以修复的"缺陷";这些挑战来自团队和组织建立的方式,是自然而然产生的,是不可避免的结果。这本书中描述的方法不是现有结构上的创可贴,而是整体上的替代品。

这里的关键是要明确使命和责任。这两者不是由一个中央权威(例如经理)一次性明确出来的,而是持续地、由团队自身明确的。实现它的方法就是我们在本书中将要解释的"合弄制"。合弄制是一种提高团队生产力的方法,在它的帮助下,人们可以基于小型实验和新的信息不断改进团队的结构。正如GTD为个人设置工作流程提供了一套完整的升级方案那样,合弄制也为一个团队或者组织升级工作方式提供了一套完整的方案。

在这本书中,我们将两条线索交织在一起:一条是故事线,另一条是理论线。之所以选择这种方式,是因为我们想写一本可以在几小时内读完的书,但又不想过度降低主题的复杂性。通过阅读故事,你可以联系实际,更容易地理解这种方法。你可以选择直接阅读理论,阅读这些方法中你感兴趣的部分;你也可以通过阅读故事来获得第一印象,然后在理论中寻找更多的深度解读。如何读这本书由你自己决定。

故事线的中心人物是尼尔(Neil),一个市场营销团队的经理。他刚刚签下一份前景远大的单子,这对他们的公司而言可能意味着业务在整个北美市场取得重大突破。他的团队成员都是有能力的专业人士,但他们之间的合作还有待改进。因此,他担心自己的团队不能顺利完成这个项目。学习合弄制就像刚刚来到一个新奇迷人的国度一样,想要了解当地的风俗习惯,就要从学习语言开始。语言是合弄制中重要的组成部分。我们将在这本书中介绍许多新概念。本书后面的术语表对这些概念进行了总结，方便你在阅读时查阅。

如果没有戴维·艾伦的《搞定：无压工作的艺术》这本书以及他对 GTD 的开创性的工作，如果没有布赖恩·罗伯逊对于合弄制的开创性工作，这本书就不会出现。我们非常感谢他们对于工作以及合作本质的深刻见解。我们也由衷感谢这本书的荷兰原版出版商学术服务公司（Academic Service）的工作，如果没有他们的致电，我们永远不会想到要写这本书。在这本书的创作过程中，许多人直接或间接地作出了贡献。我们要特别感谢乔布·克莱顿（Job Creyghton）。作为我们的写作教练，他为我们的写作树立了信心；而且，在写作过程中，他也给予了出色的指导。

希望你喜欢这本书。更希望这本书可以激励你，把书中的想法应用到你自己的团队或组织中去。

迪德里克·詹斯、马尔科·博格斯

荷兰 阿姆斯特丹，2020 年 7 月

第 1 章

提升团队生产力

第1章　提升团队生产力

签　单

波特兰市中心的这间办公室的窗户，正对着优美的滨河风景。这是2月里春意盎然的一天，整座城市似乎在慢慢焕发生机。然而，尼尔的心思却完全不在风景上。他满脑子都是刚刚结束的演讲。我刚才那么解释合适吗？那页幻灯片那样强调行不行？在他旁边，坐着他的老板拉凯什（Rakesh）。

尼尔看向老板："你觉得怎么样？这一单能拿下吗？"

"不好说。他们没说什么。我不确定他们是不是认同我们对加拿大市场的理念。"

"我能做的都做了。"

"我知道。"

"如果我的团队能负责这次市场推广计划，那就太好了。我觉得有戏；我敢说，这一单能拿下。"

拉凯什咧嘴笑了："更重要的是，如果我们拿下这一单，公司今年就扭亏为盈了。"

沉重的大门打开了，秘书招呼他们进去。尼尔的心提到了嗓子眼儿。他们走进大会议室，在会议桌旁坐下。

这家公司的董事长丹尼斯（Denis）率先发言："你们的演讲令人印象深刻。我们尤其喜欢你们的商业策划。所以，我们决定在北美所有的门店开展一次市场营销活动，推广你们的天然化妆品理念。"

"谢谢。"尼尔的脸上露出了灿烂的笑容。

"太好了！"拉凯什拍了拍尼尔的后背，"恭喜你！"

"不过，在继续讨论细节之前，有些事必须先说清楚。首先，这将是一场跨媒体的活动。"丹尼斯目光专注地盯着面前这两个人，"我们希望，你们在执行过程中将所有的媒体都整合进来。"

尼尔点了点头："我们在这方面很专业。"

"第二件事。我们要在4个月之内启动。就是说，整个活动要在7月1日之前准备就绪。这一点对我们来说至关重要。你们能做到吗？"

会议室里沉默了片刻。

"我记得原来说的是8月1日。"拉凯什犹豫了一下，说道。

"事情的优先级变了。"

拉凯什看向尼尔。尼尔开始翻阅文件。

"我们希望现在就能得到明确的答复。"丹尼斯微笑着说。

"说实话，7月1日之前准备就绪，时间太紧了。不过，我们非常想做这个项目。原则上讲，这个最后期限可以接受。"

"原则上讲？"丹尼斯看着尼尔。

"好吧。是的，我们能做到。"

"在我们这个行业，按计划完成任务是最重要的。如果你们掉链子，我们就有大麻烦了。"

"我保证，7月1日之前准备就绪。"拉凯什说。

"好的，那么，我们就说定了。"

* * *

在机场附近的205号公路上，交通像往常一样停滞不前。尼尔看了看手表。再过一个半小时，他们的飞机就要起飞了。

第1章 提升团队生产力

在市中心开完会后,他们立即上了一辆出租车。一路上,拉凯什拿着手机讲个不停。尼尔还有些难以置信,这一单竟然拿下了,而且是整个北美地区!如果进展顺利的话,未来一切皆有可能。光是想象一下就让他有些头晕目眩。行了,尼尔,放轻松点儿。想点实际问题吧。他的思绪飘向了他的团队;是的,这个最后期限是个问题。

拉凯什终于挂断了电话。

"拉凯什,这个最后期限太紧张了。"

老板转过身看着他:"没错,的确很紧张。不过,这是我们的重大突破。想想看,他们本来会选择我们的竞争对手……"

"不,不,我们当然不想那样,"尼尔打断他,"可是……"

拉凯什目光瞥向车窗外,一辆车插进了他们的车道,挤在了他们前面。"放轻松点,我们成功了!"

尼尔点了点头,仍然面有忧色:"我们从来没在这么短的时间内准备过这样的活动。我们团队的生产力必须提升一个档次!"

"前几天你不是告诉我,有套方法可以帮助大家提高生产力吗?"

"是的,'GTD(无压工作法)'。"

"那你可以教会你的团队使用这套方法啊?"

"我试过了。但是,旧习惯真的很难改掉。"

"这就是经理的责任啊:让员工发挥出最好的一面!"

"好吧,我们会找到办法的。"尼尔试图表现得自信一些,却没有成功。

"听起来不怎么有信心啊……你的团队必须提高生产力。"

尼尔没有说话。

"关键的诀窍就在于，学会授权。"拉凯什实事求是地说。

"做起来并不容易，不过，可以做到。"尼尔笑着说。

出租车终于动了起来。看来，他们能赶上回家的飞机了。

1.1 张力

终于拿下了单子，现在尼尔的问题是，如何完成这个单子！你能想象他的感受吗？突然之间，大把的机会向你涌来，你的视野一下子拓展开来。然而，与此同时，你也看到距离目标还有很长的一段路要走。在当前的位置和要达到的位置之间，有一段距离。对于尼尔来讲，这是一道鸿沟。所以他感到了一些适度的紧张和压力。下面我们就谈谈这种紧张和压力，它在我们的故事中处于核心地位。

什么是张力？

人们通常认为，紧张是消极的东西。看看尼尔就知道了。他现在的心情非常复杂，喜忧参半——当然，能拿下单子他非常高兴，但他不知道他的团队是否能完成任务。无法控制局面的感觉让他感到了紧张，也就是我要说的"张力"。这种感觉不怎么好，因此，大多数人都想尽快摆脱它。每个人都有自己应对紧张的方式。有些人喜欢立即解决它，有些人喜欢退一步思考它，而另一些人则试图完全忽略它。不管这些方式多么不同，它们都基于一个共同的假设：紧张是一件不好的事情。但真是这样吗？到底什么是张力？所谓"张力"，通常指的是一种感受到压力或者兴奋时的感觉。它的反义词是"松弛"，而"松弛"指的是平静的状态。

我们通常把张力当作一个问题，想尽快摆脱它。

在这本书中，我们将以一种不同的但更具体的方式使用"张力"这个术语：我们把这种紧张感称作"张力"。所谓"张力"，我们指的是"事情现在的样子"和"事情可能的样子"之间的差距。这种差距可大可小。差距越大，张力越大。如果事情现在的样子和可能的样子之间没有差距，那么你就正好达成了目标，你就不会感到任何张力。电压是一个很好的比喻——正负极之间的电势张力越大，电流就越强。

但当我们说"事情现在的样子"和"事情可能的样子"时，我们到底在说什么？也许你正在开会，你对会议的发展情况感到了张力。你注意到它现在的样子（"这次会议什么都没有解决"），以及它可能的样子（"我们应该讨论真正重要的事情"）。但这种张力也可能源自一件小事，例如，前门卡住了（现在的样子），无法顺利地打开或关上（可能的样子）。

张力来自事情现在的样子和可能的样子之间的差距。

张力就是信息

当你从这个角度看待张力时，张力就是中性的；它只是让你注意到，某件事与它可能的样子之间的差距。只有当你给这种感觉贴上标签，它才会变成积极的或消极的张力。如果你说，"事情应该这样"，那么它看起来就像一种消极的张力；似乎是个麻烦。但如果你说，"事情可以这样"，那么它看起来就像一种积极的张力，比如，是一种机会。这种标签完全是主观的。以尼尔和拉凯什为例。尼尔不确定他的团队是否能在最后期限前完成任务，因此他感受到了压力，一种消极的张力。而拉凯什看到了在今年可以扭亏为盈的机会，所以他认为这是一种积极的张力。讨论谁"对"谁"错"没有意义。毕竟，这和事实无关，只是不同的解读而已！更重要的是如何处理这种张力。因为张力实际上是信息，告诉你当前所处的状态，以及可能抵达的状态。

张力提供了信息，告诉你当前所处的状态，以及可能抵达的状态。

有时候，这些信息会很清晰地告诉你应该做什么；但还有些时候，它们并没有那么清晰。当事情非常复杂时，可能很难解读张力。对大多数人来说，生活本就是复杂的。如果你干的主要是体力工作，那么你可以看到什么时候一些工作完成了，或者还有什么没有完成。但如果你干的是脑力工作，或者叫知识工作，这些界限就不那么清晰了。知识工作需要思考：我目前在哪里？我要去哪里？什么时候我能到达那里？我现在感受到的是什么张力？我面对的是问题还是机会？我应该如何应对？

不管我们是否有意识地问过这些问题，大多数人每天都在与这样的问题作斗争。这是因为，我们完成的知识工作越来越多，并不意味着我们因此就能自动获得良好的思考能力。知识工作带来的张力与体力工作带来的张力稍有不同。它们通常更复杂，边界不那么清晰，而且只会存在于我们的头脑中，无法被看到。知识工作中的思考是一项艰苦的工作，而且绝对不会自动发生。

因为你看不见知识工作中的张力,所以你必须主动进行思考。

一个好的泥瓦匠需要熟练的技能,也需要良好的习惯。尽管一个人可能比其他人更有砌砖的天赋,但他仍然需要大量的练习才能做好。知识工作也是如此。知识工作者也有他(她)需要掌握的技能、需要养成的习惯。个人的效率、设定目标的能力、时间管理能力、沟通、授权、提供反馈的能力、领导力——所有这些都可能发挥作用。在过去的几十年里,围绕这些话题出现了一个全新的行业。

放松型生产力

戴维·艾伦是生产力和知识工作领域最成功的作者之一。他那本书《搞定:无压工作的艺术》帮助尼尔(以及数百万像他一样的人)掌握了工作的方法,并保持了下去。尽管艾伦没有使用"张力"这个词,但他用了一个相似的术语来表示这件事:"材料"(stuff)。对他来说,"材料"就是那些未尽事宜,那些没有抵达它们应该抵达的位置的事情。它们可能是本该收进仓库里却停在草坪上的割草机;或者是本该达到 10 万访问量,目前却仅有 1 万访问量的网站。正如你看到的那样,"材料"看起来很像"张力"。它们有一些细微区别,但为了方便起见,我们将在这本书里交替使用这两个术语。当你不知道如何处理张力和材料时,你就会感到失控。这种感觉,甚至仅仅是想到可能要失控,都会直接导致你备感压力。而 GTD 的核心就是如何应对这种张力,获得放松型生产力,而不是压力型生产力。

GTD 是一种帮助你以轻松的方式获得生产力的方法。

想象一下,依靠这种方法,即使在面对最错综复杂的情况时,你也能保持轻松,在"心流"或者艾伦所谓的"心如止水"的境界中,完全沉浸在当下,毫不费力地有效应对。尼尔在波特兰开完会后,面对的是一个相当大的挑战!

系　统

在波特兰国际机场，一切都很顺利。屏幕上显示他们的航班45分钟后起飞。尼尔估计，再过两个多小时，他就能到家了。

拉凯什没有和他挨着坐。尼尔旁边的座位空着。他揉了揉眼睛，感觉就像里面有沙子一样。他今天早上5点钟就起床了。

一个男人在他旁边坐下，两条大长腿勉强伸进了前排座椅的下方。尼尔点点头，那个男人也朝他点点头，笑了笑，从包里拿出一台闪闪发光的iPad。几分钟后，男人的手指开始在屏幕上迅速划动起来。尼尔用眼角的余光注意到，对方用的是和他一样的软件。他忍不住转身问道：

"你觉得怎么样？"

"什么？"

"觉得这款软件怎么样？"

"哦……很好用。它对工作帮助很大。"

"自我介绍一下：尼尔·霍尔泽。"

"约翰·佩罗蒂（John Perotti），很高兴认识你。"

"看起来你也是GTD的用户，对吗？"

"是的，我已经用了很久了，从2001年那本书出版以来就一直在用。"

"我用了一年半。这本书的确改变了我的生活。"尼尔的声音变得庄重起来。

"我明白你的意思！它对你有用吗？"

第 1 章 提升团队生产力

"嗯,我确实完成了更多的事情,但是,嗯……"

"还是不够快?"

"不,不是这个意思……"尼尔犹豫了一下。两人之间出现了短暂的沉默。接着,他向约翰讲述了新签约单子的事,讲述自己有多兴奋,然后又道歉道:"抱歉,我打扰你了。"

"不,一点也不,"约翰笑着说,"接着说!"

尼尔告诉约翰,他对自己团队的生产力有些担忧:"我曾经希望,如果我自己的生产力提高了,团队的生产力也会跟着提高。但有时我的努力似乎适得其反。对于这个单子,我肯定需要整个团队有更高的生产力。所以,这对我来说是个问题。"

"而你想知道 GTD 能不能让你的团队的生产力提高几个档次?"

"我很喜欢这种方法,可以让我用更少的力气更快地完成工作。"接着,尼尔解释了自己如何希望把"等待"列表自动分配到委托项目上,以便更轻松地把更多的任务委托出去。

约翰转过身面对他说:"这些都是很好的技巧。但我认为你仍然不知道自己要找的是什么。"尼尔疑惑地看着约翰。"恕我直言,你所谓的委托实际上是推卸。"约翰并没有理睬尼尔的不快,若无其事地继续说,"那只会增加你的问题。尤其是,像你说的那样,当你的团队不如你更有生产力的时候,更会如此。"

"你有更好的系统吗?"

"你可以称它为一个系统,但这并不是一种我可以当场演示给你看的技巧。你可以看我的行动清单,不过那并不能让你理解更多的东西。"

尼尔又迷惑地看了约翰一眼。

"这并不是关于列表、清单的问题，这是关于协调一致的问题，是团队要坐下来谈谈如何一起工作的问题，是沟通和决策的问题。"

"可是，通过委托，你可以把事情有效地规划出来，并检查确保你要求的事情顺利完成，不是吗？"

"如果你这样做了，那么你的工作就像一个管理者——把工作分解出来并监督产出。而这些正好是你的团队应该做的事情。"

"我不太确定。我的团队已经有了很大自由度，而且我觉得可能太自由了。我认为正因为如此，我们最后才合作得没那么顺畅。"

他们现在已经到了西雅图的上空。飞机做了一个急转弯，准备着陆。约翰开始收拾东西。

"尼尔，在我看来，你面临着一个巨大的挑战。说实话，我不确定你现在的方法是否适合你和你的团队。"

"换作你会怎么做？"

"有空时给我打个电话，我们可以谈谈。"约翰递给尼尔一张名片，并和他握了握手。

* * *

尼尔背着笔记本电脑包走进了位于哥伦比亚大道12号的星巴克咖啡厅。咖啡师微笑着问候，并立刻认出了尼尔，因为他通常星期五早上会过来。他点了一杯超大杯的拿铁，坐在靠窗的大皮椅上，打开笔记本电脑。他没有检查电子邮件，而是直接进入任务管理程序。

第1章 提升团队生产力

他现在要按 GTD 中的要求进行"每周回顾"。这一小时的独处时间对他来讲非常关键,他要利用这段时间反思自己的工作。他有意不在办公室里做这件事,因为在那里,他很容易分心。

屏幕上出现了一个项目列表,鼠标向下滚动:70 个项目。他长叹了口气。他最近在这个系统上下了很大功夫,看上去终于控制住了局面。但是,现在有新的市场推广活动加入,他还能控制住一切吗?他还能更快更好地把任务委托出去吗?或者,像约翰在飞机上说的那样,这不是解决之道?

他看着"等待"列表,上面列出了未完成的和委托他人完成的任务。大多数项目已经在上面放了几周,有些甚至几个月了。该死,为什么他们就是完不成这些应该完成的任务呢?他已经第 N 次给塔玛拉(Tamara)发送提醒了,仍然一筹莫展。要是再加上北美的单子,会怎样呢?当拉凯什那么快就同意最后期限时,他是不是应该直接说出自己的意见?无助的感觉越来越强烈。他喝了一口咖啡,再次把注意力集中在屏幕上,打开了工作量计划表。也许他可以用这个来算算他们在未来几个月的工作量。他的手指几乎自动地开始在键盘上移动。一旦开始使用电子表格软件,他就会全情投入,尤其是当他真的想把东西整理好的时候更是如此。

但这一次,他就是做不到。

他沮丧地合上笔记本电脑,直勾勾地盯着前方。过了好一阵,他终于注意到墙上一位当地艺术家的作品,一幅西雅图风景的自然主义钢笔画。好主意。把事情写在纸上总是能帮助他更清晰地思考。他从包里找出一个笔记本,开始写了起来。几分钟后，纸上满是下划线圈出的单词、线条和符号……

他的脑子放空了。事情渐渐变得明朗起来。尼尔叹了口气，笑了笑。他不必独自承担这一切，他不需要自己解决所有问题。他可以把情况告诉自己的团队，并和他们一起商量。

1.2　GTD（无压工作法）

世界从来不会静止不动。无论你多么有条理，现实总会让你措手不及。在你读这本书的时候，你的收件箱里正不断涌来新的电子邮件。你的日程表上满是会议和与他人的约会。也许你会把所有必须做但还没有做的事情列一个清单，或者你有其他方法跟踪这些工作。每个人都有自己的方式，有些人的方法比其他人的更容易。对于尼尔碰到的问题，我们大多数人都碰到过。你有一堆事情要做，但它们都在你的掌控中，你知道自己在做什么。但当一些意料之外的事情发生时，你突然间又要挣扎着试图掌控一切了。你的思绪开始飘向各方，注意力不断分散：我得考虑一下这件事，千万得记住那件事……我必须完成这件事，必须组织那件事……压力一下子就上来了！

失控的感觉就会导致压力。

压力造成的问题就是，你变成了救火队员。你只见树木不见森林，很难把重要的事情和次要的事情分开。你不再能自主选择把注意力放在哪里，它只会被最紧急的问题、未读的邮件或者声音最大的人占用。一种解决办法就是制订一个详细的计划，列出要做的每一件事，以及做这件事的时间。确保每件事都各就各位，然后坚持按计划执行。不幸的是，这并不像听起来那么简单：因为计划永远赶不上变化！那么，该如何应付复杂的工作以及多变的环境呢？必须接受高效工作带来的压力吗？这个副作用是必然的吗？或者，有没有可能，你可以在一个放松的环境中，完全集中注意力，在平静、清晰的精神状态下高效地工作？

放空你的大脑

只要脑子里充满了各种想法和悬而未决的事情，你就无法放松。不管你叫它"材料"还是"张力"，它都会分散你的注意力，产生压力。GTD 的精髓就是放空你的大脑，这样就可以清楚地判断现在什么最重要（参见附录一关于这种方法的摘要）。但为什么要放空大脑？为什么要把所有事情都从大脑中清出去？混乱的大脑就没有创造力吗？这是因为，工作记忆是有限的，所以你的大脑并不是保存所有重要事情的最佳场所。它会不断提醒你还有什么事情没做，却不管你现在能做不能做。开会的时候，你会突然想起来要给打印机买墨水。坐在家里的沙发上时，你的思绪会不断回到下周的演讲。你每天的注意力是有限的资源，这么使用它很难说是最好的方式！

GTD 的精髓就是放空大脑，这样你就可以在放松的状态下高效地工作。

放松型生产力——如何做到？

放空大脑是第一步，但还要接着往下走。你该怎么处理每一件悬而未决的事情？GTD 建议你维护一组列表，把这些事情放在相应的位置上。这些列表会形成一个系统性的综述，让你看到需要处理的所有事项。这样你就不需要总是惦记着它们，只需要在正确的时间和地点再关注它们就够了。为了保证这个系统可靠地反映最新情况，你还需要定期对其进行更新。最终，根据这个完整并反映了最新情况的列表系统，你就可以决定现在做什么（以及同样重要的是，现在不做什么）。GTD 的很大一部分内容，就是告诉你如何以一种非常巧妙的方法建立起这样的系统。简而言之，就是维护一组这样的列表。尼尔的"等待"列表就是一个很好的例子。他把所有需要从别人那里得到的东西都列在这个表上。这里面可能有他委托团队完成的任务，也可能有上周他发出的那封重要邮件的回复。在互联网上，关于如何组织这类列表，已经成为人们经常讨论的一个话题。

如果你在互联网上搜索"GTD"，就会发现大量软件和技巧。但如果你认为 GTD 只是这些智能工具，那你就没有抓住重点。GTD 是一套必须通过实践才能掌握的习惯和技能。当然，好的工具会帮助你更好地使用这种方法，但放松型生产力的本质不在于工具，而在于 GTD 教给你的思维习惯。

GTD 不仅仅是一组巧妙的列表和好玩的工具，更是一套思维的习惯。

团 队

现在是星期一早上9点钟。尼尔的团队成员一个接一个地缓缓走进奎斯特大厦24层的会议室。这里正好能坐下市场营销团队的6名成员。尼尔把今天的会议议程和上次的会议记录发给了大家。

"苏珊娜（Suzanne）会过来吗？"

"我刚才看到她了。"威尔（Will）说。

"好吧，我们等她。"

会议很少能准时开始。尼尔对此已经逆来顺受了。5分钟后，苏珊娜手里拿着一杯咖啡走了进来。

"抱歉，伙计们，我必须喝一杯咖啡才能彻底醒过来。"

苏珊娜30多岁，总是穿着高跟鞋，隔老远就能听到她走近的声音。"嘿，尼尔，上周去波特兰怎么样？你住的酒店好吗？"

"还有更好的：我们拿到单子了！"

"哇！"苏珊娜朝他竖起了大拇指，"他们同意了咱们的报价？"

"是的。"

"太好了！告诉你吧，如果能以这样的预算推广这次活动，我一定能拿到克里欧奖。"

"等一会儿再庆祝，"尼尔有点生硬地打断了她，"我想先解释一下这个单子达成的协议。"他言简意赅地把在波特兰的讨论内容告诉了大家，特别强调最后期限提前了。"这意味着我们必须在4个月内完成这个单子。"他意味深长地看了苏珊娜一眼，

第1章 提升团队生产力

停顿了一下,然后继续说,"拉凯什认为没问题;我自己不太确定。不过我今天就要给他一个答复。"他又停顿了一下。"而且……这次活动将在整个北美地区进行,包括魁北克省和墨西哥城。所有东西都要准备三种语言,并在三个不同的国家推广。"

"我不认为这有任何问题,"苏珊娜说,"我很快就会让广告公司做好准备,我们可以在一个月内拍出一个广告,然后……"

尼尔又一次打断了她:"这次不一样,苏珊娜,这次是一场非常复杂的活动。"

"那又如何呢?我们可以做到!"

这时,负责店铺营销的威尔加入了讨论:"这不仅仅是拍摄一个广告那么简单。我认为对我们来说,最重要的是设计出一些真正吸引人的宣传品和招贴画。我们的重点应该放在店铺里,因为那里是人们作出购买决定的地方。"

"那线上购物和手机购物呢?"负责网络营销的塔玛拉大声问道。一时间,每个人都在发表意见。

在一片嘈杂中,尼尔提高声音叫道:"各位,停一停!这样我们什么事都办不成。我们需要讨论活动的细节,但这不是我们今天早上要做的事情。我们现在需要弄清楚的是,除了完成已经安排好的下季度工作外,我们是否还能完成这件事情。"

一时间,每个人都安静了下来。

"我已经在会议记录中附上了我们的工作量计划表。它应该是最新的吧?"

塔玛拉从面前的一堆东西中找出了一张纸。"对不起,尼尔,你的这些表格太麻烦了。如果我必须跟踪所有这些……"

"你这话是什么意思?"

"我试着用了几周,但我真的不知道如何记录这一切。另外,我都不知道未来几天要做什么,更不用说未来几周了。我们的工作本来就无法计划。"

"是的,我这儿也一样。"苏珊娜叫道。

尼尔越听越生气。他在这个系统上已经花了很多时间。"那为什么现在才告诉我?我们都说过要这么做的!我可没听见索拉雅(Soraya)和利恩(Lien)抱怨,不是吗?"

"那是因为,恕我直言,比起我和塔玛拉的工作,他们的工作要有规律得多。"苏珊娜直截了当地说道。

塔玛拉继续说:"如果我必须一直填写你的那些表格,那我一周要花上几小时的时间。对不起,我没有那个时间。"

"那你之前为什么不告诉我?为什么要我一直追着你要?"

"我告诉过你我不喜欢,但你就是不听。"

尼尔的脸涨得通红,他深吸了一口气。他了解塔玛拉;如果再说下去,就会演变成一场没完没了的争论。

"好吧,我们还是讨论市场活动吧。我们能在4个月内完成吗?"

一片沉默。

终于,苏珊娜开口道:"这是一个很好的项目,但我不知道能否在这个期限内完成。你来决定吧。毕竟,你最擅长的就是做计划。"

* * *

尼尔走回自己的办公桌。墙上有一块大白板,上面贴满了便利贴、磁铁和各种纸片。其中大部分已经过时。他一下子把它们都扯了下来,扔进了废纸篓。他的办公桌位于开放式办公室的角落,桌子上空无一物,只有一台电脑和电脑里的收件箱。他忍不住要去处理电子邮件。但不能这样做!那么,该怎么做呢?他怒火中烧,感到了身上的压力。他能打退堂鼓吗?不,当然不能!这时,他的研究助理索拉雅坐到了他对面的桌子旁。

"你说说看,索拉雅,为什么这里没人能按计划工作呢?"他的恼怒溢于言表。

"呃……"

"你是怎么想的?"

"我和这个团队已经工作过一段时间了。他们非常有创造力。当他们有足够的空间时,他们能作出最优秀的工作。计划扼杀了创造力。"

"也许是这样,但这次活动我一定要做到最好!我要确保我们能够成功。"尼尔盯着前方。

从负责这个部门那一刻起,他就一直试图使工作变得有条理,但始终没有多大成效。现在他想知道:他是应该放任这种混乱呢,还是应该加强纪律?也许他应该把遵守纪律这一条放在每个人的绩效评估中?

"你似乎对计划很认真。"索拉雅看着他说,"不要误会我的意思。我知道计划很重要,但你好像太看重计划了。"

"那是我的工作。"

"但我们签下单子是一件很棒的事情,不是吗?我们会完成它的,别担心。我们的团队非常灵活。"

"是的,也许太灵活了,"尼尔叹了口气,"拉凯什还等着我今天给他答复呢。"他站起身来，走到窗前，又走了回来，"索拉雅，我在想，也许我把事情弄得太复杂了。我这就让每个人今天下午给我发邮件，告诉我他们手头上的项目。他们不必按照我的方式做计划，但这样我至少会知道大家都在忙什么。"

"这是个好主意！"

尼尔打开他的电子邮件，开始打字。

挫　折

一天下来，尼尔累得够呛。他整个下午都在开会。此刻，他终于坐在了办公桌前，离下班还有一个多小时，正好够他查看电子邮件的。他要看看自己能不能为未来几个月的市场推广活动作出计划。他查看当天下午收到的电子邮件，然后找出他的团队成员发来的项目概况。他注意到少了一个人的：少了苏珊娜的。

他在办公室里快速地走了一圈，但找不到她。他问周围的人是否见过她。"她整个下午都在和广告公司开会！"利恩喊道。利恩是一名文案专员，也是苏珊娜的助理，在团队中负责博客和社交媒体。尼尔越来越恼火。他给苏珊娜发了条短信，让她开完会来见他。

苏珊娜不怎么看电子邮件，他知道这一点，但他无法习惯这一点。他听到了高跟鞋的咔嗒声；过了一会儿，苏珊娜走进了办公室。

"苏珊娜，我给你发了一封电子邮件，要求你提供自己的项目概况。"

第1章 提升团队生产力

"哪封邮件?"

"今天早上那封。我们一开完会我就发了。"

她坐在自己的电脑前,向下滚动屏幕。"哦,看到了。但你不需要给我发这个邮件,对吧?你已经知道我在做什么了,不是吗?"

"不,实际上我不知道。不完全知道。"

"好吧,我现在就可以告诉你。"苏珊娜提到了她正在忙着的市场推广活动。尼尔叹了口气,但她继续往下说,好像没听到他的叹气声。"哦,对了,我忘了告诉你了。你知道我们和一家本地电视台签了协议吗?"她睁着一双大眼睛看着他,"他们想在一档生活方式栏目中采访我。我没有告诉你吗?对不起,这肯定是你在波特兰的时候发生的事。"

"太好了。接受采访总是一项很好的宣传活动。你什么时候去?"

"下星期五是第一次采访。"

"你说'第一次采访'是什么意思?"尼尔的声音里透露出些许担心。

苏珊娜告诉他,这是每周一次的栏目,她每次去都会就他们的产品接受一个简短的采访。尼尔开始觉得越来越不安了。

"你是说你每周都会有一段时间不在办公室里?"

"是的,而且当地一些非常有名的人很认可这个栏目。"苏珊娜笑容满面地回答道。

"但是这会占用你很多时间,而且你已经忙不过来了!"尼尔注意到威尔坐在他的办公桌前,就把他叫了过来,"我想知道那份协议的具体内容。"

威尔解释说，这份协议包括提供一大笔赞助费，而且在每次播出时，都会提供产品折扣。"这是一个绝佳的推广机会，栏目编辑肯定希望我们的人上节目。"

尼尔打断了他："但这件事我们已经谈过了！我们的目标客户不看这类节目。这类节目把我们的产品和廉价化妆品放在一起展示，而我们要关注的是奢侈品市场！"

"他们的影响力很大，有200万人观看这个节目。"苏珊娜的手指掸了掸桌子，似乎要掸开一抹不存在的灰尘。

"我们必须在这个季度完成销售额。这个销售额得使劲儿蹦起来才够得着。"威尔说。

"恕我直言，当时你自己也是同意这个销售额的。而且它们是没有折扣的销售额。你的任务应该是销售产品，而不是打折送人。另外，这些折扣已经从市场预算中扣除了。你应该事先跟我确认一下的。费用要由我批准。"

"每周有200万观众。如果我们拒绝，那不是疯了吗？"威尔听起来愤愤不平。

这次尼尔真的压不住火了。"如果这不是我们的目标客户，那就是在浪费钱。而且你还给他们打折！这会让我们精心打造的品牌形象就此毁掉的。"

苏珊娜和威尔不说话了。

"好吧，先到这儿吧。我要回家了。"尼尔站起来，拿起外套，走出了办公室。

*　*　*

外面冷得要命。通常他一骑上自行车，就可以把工作抛在

第1章 提升团队生产力

脑后，但这一次他似乎放不下刚才和威尔、苏珊娜的谈话。是什么让他们认为可以直接同意这样的协议？甚至都没有和他商量！他应该让他们撤回协议吗？但这样做会引起很多不好的感觉。而且另一方面，他需要团结所有的人和所有的资源，来让北美这场活动走上正轨。让他们撤回协议，对此肯定没有帮助。他慢慢地摇了摇头。他是不是太死板了？毕竟，他们吸引了公众的注意力，这是件好事。难道他不应该给他们更多自由吗？以最后的工作成果来评价他们？不行，团队已经很散漫了，那样做只会让情况更糟。如果他们都能按时提交自己的信息，事情本来不必如此。每次他听到某件事情的时候，基本上事情都已经发生了，他通常很难作出必要的调整。正因为如此，他才希望每个人都能把计划写出来。但到目前为止，结果并不如意。

他回想起从波特兰乘飞机回来时与约翰·佩罗蒂的谈话。一个高效的团队生产力系统，他现在对此有了一些兴趣。他有没有记下约翰的电话号码？他捏住车闸，下了自行车，开始在手机里搜索。找到了！他拨通了电话。

1.3　GTD 的局限性

尼尔和他的团队面临着一项艰巨的任务。尽管他们拥有需要的一切，但他们必须在 4 个月内干完这件事。他们的生产力必须大大提高，才能在最后期限前完成任务。只有整个团队共同努力，这样复杂的活动才能顺利开展。但说起来容易做起来难！从团队讨论的结果看，他们似乎还有很长的路要走。活动应该是什么样的？4 个月之内有可能完成这件事吗？最重要的部分是什么？从哪里着手？对每个人的期望又是什么？不管你是否谈论它，每个人对这些问题都有自己的看法。协调双方的期望是合作中最难的事情之一。你肯定听过下面这类话："我以为这是你负责的……""你不是说你……？"而且作出真正的决定更加困难。大家要在一起作出什么决定？要怎样作出决定？若想成为伟大团队中的一员，就必须回答这些问题。

协调期望是合作中最难的事情之一。

在团队中工作

尼尔最初的做法是可以理解的：他想提供更多的指导——更好的计划，更好的委托，然后掌控一切，确保每件事都能完成。但团队对他的做法并不满意。"不要拿你那些计划来打扰我们，不要事无巨细地对我们进行微观管理。我们知道怎么完成自己的工作！"让一个团队高效地工作并不容易。一大批教练、培训师和顾问每天就靠这个吃饭呢。解决问题的思路通常就是：把我们每个人都送去学习时间管理课程吧！或者让我们做一些流程改进吧！职位描述，这就是我们要做的！或者，我们需要做的就是远离这一切！大家一起出游，来点团队建设，这就是我们实现目标的方式！这些方法都一样：一旦明确了对每个人的期望，一切就会水到渠成。无论是工作流程、职位描述还是公司愿景，只要明确了期望，达成了共识，一切就都有了意义，或者至少在一段时间内可以顺畅地运行。

在稳定的、可预测的环境中，这些方法至少在一段时间内是有效的。但如果你的环境复杂而且在不断变化中，这些方法就会迅速失效。至多也就是提供一些暂时的缓解。通常它在纸面上看起来很好，但它只能提供一种貌似掌控的感觉。当然，混乱也是一种选择。你经常会在创业公司中见到这种情况："我们不要把时间浪费在没完没了的会议和组织架构上。这只会扼杀我们的创造力，拖慢我们的脚步。"在这种情况下，很快就会出现一种非正式的组织结构。在这个结构中，声音最大的人主导一切。要保持这种状态需要很多能量。即使你成功了，这种混乱和非正式的组织结构也不能很好地扩展。

团队生产力

与此同时，尼尔被最后期限搞得焦头烂额。他的团队是否能够产生必要的生产力上的飞跃？他们每个人的工作都很努力，但个人的高效并不一定会造就一支高效的团队！这在他们开会时就能看出来。他们彼此插话，从一个话题跳到另一个话题，时间耗尽，他们却没能作出任何真正的决定。

这种缺乏清晰思路的混乱会导致困惑和沮丧。团队中因为彼此的差异而引起的冲突，会变得越来越个人化。团队中的一些成员会推动他们要做的事情，而另一些人则会退出。与此同时，团队要做的事情却没有任何进展。

一群高生产力的个人并不一定能组成一支高生产力的团队。

为什么如此困难？管理自己的工作已经够复杂了，但不管你是否使用GTD，大多数人都能在一定程度上成功地提高自己的生产力！然而，团队生产力就不同了，它需要一个额外的因素：协调一致。或者，正如伊斯兰苏非派（Sufi）说的那样：因为你理解了"一"，所以你认为自己也理解了"二"，因为一加一等于二。但要理解"二"，你必须还要理解"加号"。协调一致和清晰的期望是团队生产力的关键。偶尔请顾问来优化一下流程，或者开展一次团建活动是不够的。让事情自行发展，希望它会自己好起来也不是明智之举。

就像尼尔用GTD管理自己的工作一样，团队也需要一个可靠的系统来协调彼此的合作。这个系统要能建立起清晰的结构，同时要足够灵活，可以根据环境的变化进行调整。它要提供一个清晰的画面，明确团队要达到的目标，以及对每个人的期望，以及什么事情由什么人负责。这个系统要确保团队可以作出快速的决定，要确保不同的视角都能得到整合，最重要的是，要确保整个团队进入心流状态，在生产力上实现飞跃。尼尔需要的是 GTD 的团队版本！

并不是把每个人的生产力合起来就是团队的生产力。提升团队生产力需要一种不同的方法。

第2章

合 弄 制

第2章 合弄制

教 练

一走进哥伦比亚中心庄严的大堂,整座城市的喧嚣似乎都被挡在了门外。一位衣着正式的服务生带着友好的微笑问候尼尔。早些时候,他给约翰打电话时,对方说自己在城里上班,并建议他们在约翰的办公室见面。尼尔乘电梯到了67层,找到了约翰的公司。他们在休息室见了面,尼尔向他介绍了最近的事态。当他说到威尔和苏珊娜签的协议时,又一次感到了怒意。"似乎每个人都在做自己的事情。我真不知道如何和这样的团队一起筹备这次活动。"

"嗯。"约翰不置可否地点了点头。

"当我们在飞机上的时候,你说你有一套系统,类似团队版本的GTD。"

"你可以这么称呼它。"

"这正是我需要的东西!"尼尔激动地叫着,把约翰逗笑了,"我希望我的团队,也能像我自己的工作一样,拥有足够的清晰度。"

"是的,这当然是可能的。"

"我希望了解每个人都在做什么,每个人负责的项目状态如何,这样我就可以知道作为一个团队,能否完成我们的目标。如果只需在电脑点击一下,就能实现这一切,那就最好了。"

"我不确定这样是否能解决你的问题。"约翰说。

"等等,看看这个。"尼尔打开了笔记本电脑,向约翰展示他的工作量计划表。

几分钟后，约翰打断了他的介绍。

"的确，这个表格做得很棒，但我说的那套系统不是一套表格和清单系统。表格和清单自有用处，但不是这个系统的精华所在。这些电子表格看起来很棒，但它们帮不上你的忙。"

尼尔不安起来："我在一位顾问的帮助下创建了这些电子表格。这可费了我很大劲儿。而且这些表格在其他公司起到了作用。"

"也许吧。但到目前为止，它对你有什么帮助吗？"

"这个嘛，至少我们不像几个月前那么混乱了。我可不想再回到那种状态了。"

"可以理解。"

"但我确实需要一些东西。我需要一些东西来制订可靠的计划，这样我才能确保我们能完成这次任务。"

"在我看来，你需要的不只是一个可靠的计划。"

"你这话是什么意思？"

"你还需要几件事。从你之前说的那些情况看，你似乎对你的团队没有明确的期望，作决策是一个痛苦的过程，而且你还缺少工作重心。我说得对吗？"

"是的。"尼尔一边盯着自己的手掌，一边承认道。

"你看，我认为你们现在缺少的——如果你想把它称为一个系统也可以——是团队的'操作系统'。这和你现在拥有的东西完全不同。"

"你是指微软的Windows，或者苹果的OS操作系统吗？"

"差不多吧，但我说的是团队的操作系统。它是所谓的社交技术，包括团队如何合作的规则、如何设置优先级，以及如何

第 2 章 合弄制

作出决策的规则。"

"它叫什么名字?"

"合弄制（Holacracy）。"

"合什么?"

"合弄制。我知道，这个名字不常见，我自己也习惯了一阵子。它是由一位美国企业家开发出来的技术，他对 GTD 和敏捷项目管理方法都很熟悉。"

"那么它是如何工作的呢?"

"合弄制中的一切都始于'张力'。'张力'就是指事情没有朝你希望的方向发展。就像你和你的团队现在碰到的事情一样。"

"你的意思是不是说，每个人都在做自己的事情?"

"是的，差不多是这个意思，"约翰答道，"签下一个新单子当然好，但也会产生很多的张力。在合弄制的帮助下，你可以把这些张力转换为前进的燃料，让事情变得更好。它可以让你的团队变得更加透明。而这就是你现在需要的事情，在你和威尔、苏珊娜之间需要的事情。"

"把张力转换为燃料？你这句话是什么意思?"

"你看，张力其实就是能量，就像你给汽车加的汽油一样。但在团队中，张力通常都被浪费掉了。这就是大多数人说的冲突或摩擦。它会拖慢团队，或者导致团队完全解体。"

"这听起来很有趣，但我还是无法想象出你说的事情。它对我筹划的市场活动有什么帮助呢?"

"首先，团队的一致性会提高，因为大家都明确地知道谁在负责什么。"

"这一点太有用了，因为很多时候，人们会重复干一件事，或者更糟的是，有的事压根儿没人干。"尼尔急切地评论道。

"团队的清晰度有助于作出更快、更好的决策，从而更快地推进工作。当你面对这样一个大项目时，这一点至关重要。你不能因为决策艰难而拖延进度。"

"这个系统是什么样子的？我能看看吗？"

"这个系统在团队的会议中反映得最明显。每一次会议都是清晰有效的。也有一些软件供你使用，这类工具就像GTD无压工作法中的列表一样。例如，在团队会议上，你可以使用一块白板来跟踪每个人的工作进度。"

"我们已经有这样一块白板了。"尼尔咧嘴笑着说。

约翰未受打扰，继续说道："我说的是一个可视化的管理工具。你看着它，就会立刻知道作为一个团队，你们正在做什么。"

"听起来真棒！我想我有些明白了。"尼尔想象着用这套工具开会的场景，眼睛开始发光，"但它听起来仍然很复杂。关于这个系统，最重要的是什么？"

"从本质上讲，合弄制是一种以灵活的和动态的方法管理团队，甚至是管理整个组织的方式，从而帮助你在各个方面加快速度。"

"所以，如果我没理解错的话，我不应该把精力放在工作量计划表上？"

约翰的脸上露出一种无可奈何的表情。

"我费了那么大的劲儿……"

"嗯。"

第 2 章 合弄制

* * *

尼尔走回办公室时，已经是傍晚了。穿过派克街的时候，他差点儿被一辆自行车撞倒。他和约翰的会面与原先的期望不同。难道约翰不能直接告诉他应该怎么做吗？

回到办公室，索拉雅仍在工作。

"会面怎么样？"

"很有启发，让我有了很多思考的素材。你认为我们的团队能快速、明智地作出决定吗？"

"嗯，不能，基本上不能。我认为大多数时候，我们都是在没完没了地讨论。"

"我完全同意。而且我认为，今后几个月我们不能再这样下去了。"

"你有什么想法吗？"

"今天下午我见的那个人有办法让这一切都快起来。"

"'让一切都快起来'是什么意思？"

"嗯，比如，快速高效地开会，赋予每个人能量，而不是浪费工作时间。"

"这听起来真美妙。"

"我仍然不确定这个系统是如何工作的，但我已经被这个想法吸引了。"尼尔一边说一边打开了他的电子邮件，"现在可能不是作出这样改变的最佳时机。"电脑屏幕上出现一大串未读的电子邮件，"不过，我还是想用它做点什么。但我担心团队成员会如何反应，他们已经够忙的了。"

他开始处理电子邮件，但又马上停了下来，看着索拉雅："这样下去不行，不是吗？我们永远不会改变。"他又看了看屏幕，然后用拳头敲了下桌子，"你知道吗？我打算试一试。再说，又能有什么损失呢？"

"你觉得能得到所有人的支持吗？"

"我不知道。"

第 2 章 合弄制

2.1 团队版本的 GTD

让整个团队都获得 GTD 带来的好处？这正是尼尔需要的！他一直在实践 GTD，所以他要做的也许就是调整一些事情，学会一些技巧，然后他就能在团队中获得他一直寻找的那种清晰的感觉了！然而，约翰很快就打消了这种幻想：团队生产力和个人生产力非常不同。GTD 可以让个人在一个轻松的环境中做正确的事情。但作为一个团队，这些似乎还不够，因为与他人合作增加了一个全新的维度！让我们以尼尔的团队为例：每个人都在做自己的事情，所以当他们聚在一起时，会争先恐后地表达自己的观点。他们之间有很多摩擦和冲突，每个人都觉得自己最重要。作出任何决定都非常困难，或者根本就作不出任何决定。大家有各种各样隐含的期望，人们感到压力或者疏离。而尼尔在做什么呢？他竭尽全力作出更多的计划，实施更严格的控制，希望一切都不偏离轨道。

从这个角度看，他们能完成任何一件事都堪称奇迹！当然，你可以有很多方法，用更聪明、更轻松的方式工作。但如果你的团队想进入心流状态，在轻松的环境中做正确的事情，那你就需要一个巨大的飞跃。用更聪明的方式工作并不能解决问题。你必须从零开始，以一种完全不同的方式工作。你需要的并不是学会一些技巧和窍门来微调你的软件，而是升级操作系统本身。

你需要升级操作系统，才能获得一支真正高效的团队。

合弄制：一个新的操作系统

合弄制就是这个新的操作系统。就像 GTD 是系统性地提升个人生产力的方法一样，合弄制是系统性地提升团队生产力的方法。这种类比并非巧合，因为两种方法的基本原理非常相似。特别是，合弄制借鉴了 GTD 的纪律和清晰的思路，以及随之而来的习惯和技能。尽管在 GTD 中，你可以自己完成一切，但在合弄制中，这些方法最明显的体现就是在团队的会议中。毕竟，团队会议是团队取得一致意见并作出决定的地方。在合弄制中，团队通过会议明确每个成员的工作，以及如何完成这些工作。每个团队成员在如何完成工作方面都有很大的自主权，但这种自主权是在一个明确的角色和职责范围内的。而这些角色和职责可以根据实际情况不断进行调整，并进一步明确。这就引出了另一个关键性的灵感来源：敏捷，或者叫"敏捷方法论"。

持续改进

敏捷方法论是来自软件世界的一组原则和思想。它高度依赖自主性和灵活性来创造出更好的软件。在敏捷方法论这个概念框架下，最著名的是"迭代式增量软件开发方法"，简称 Scrum，这种方法在全世界越来越受欢迎。敏捷方法论的最大贡献在于，它认为在一个复杂的环境中，你不应该事先作出所有设计。如果你这样做了，那么当情况发生变化，或者有了新的想法时，就没有机会作出调整了。你要做的是先走一小步，然后进行调整，然后再走一小步。合弄制将这一原则应用于团队而不是软件中，特别是应用于角色和职责的调整上。几乎所有的组织，都会有事先的设计和规划（想想组织结构图和各种职位描述书）。但合弄制不同。你可以从一个可行的结构开始，然后在实际运行中，根据什么行得通、什么行不通来进行调整。

合弄制结合了 GTD 中的清晰度和敏捷框架下的灵活性。

合弄制将这种按照原则持续改进的过程称为"动态操作"。

自组织

就像敏捷方法论一样，在合弄制中，整个团队都要参与到持续改进的过程当中。在复杂的环境中，你需要每个人的知识和投入。然而，整合所有这些不同的视角并保持前进的势头并非易事。自组织不等于放任不管，它同样需要管理和领导。然而，在合弄制中，这些管理和领导不是某个中央权威（也就是经理）的管辖领域，它们是分布式的。每个团队成员都担任一个或多个定义明确的角色，他们不仅对某一工作领域负责，而且在这一工作领域中拥有完全的自主权。另一种看待这种结构的方式是，根据不同的事情，每个人可能既是领导者又是被领导者，而不是一个人总在领导、其他人总是被领导。

在合弄制中，管理和领导是分散的，因此每个人在自己的角色中，都是领导者。

你可以把这些角色看成是敏捷版本的职位或工作描述：它们不是由管理层或者人力资源部门设计出来的，而是由团队自己创建并不断调整出来的。这样，你就获得了一个自然形成的有机结构。在这个结构中，对每个团队成员的期望都非常明确，因此每个人都可以自由地投入时间和精力完成他们的工作。就像 GTD 带来的放松和"心如止水"一样，这是整个团队意义上的放松和心流！

第 2 章 合弄制

张　力

尼尔以前从未注意过市中心南部的那些老工厂。当约翰同意来做一次讲座时，他建议到他们公司位于工业区的创意空间进行，而不是在哥伦比亚中心那样正式的地点。尼尔走进这栋砖砌的建筑，在二楼找到了约翰，他正在对演示文稿进行最后的润色。团队成员们一个接一个地走进来。当他们都坐好后，尼尔开始讲话。他简要介绍了自己认识约翰的过程，以及约翰介绍的让团队工作得更快、更好的方法如何启发了他。

约翰站起来，走到大家面前：“大家早上好。我知道我们没有时间浪费了，所以直接进入正题吧。你们当中有多少人在工作中感到过紧张和压力？”

"谁没感到过？"利恩笑着回应道。其他人也都笑了。

"你也许可以问问我什么时候没有感到压力。"威尔说。

约翰环顾了一下人群："在座的各位有什么特别要分享的吗？"

"嗯，当然，既然你提到了。"威尔听起来有些激动，"如果我们针对中低端市场推出一些其他的产品，我们的销售额就会大幅度提高。这句话我已经说了好几个月了。"

尼尔忍不住觉得这话就是冲他来的。他想反驳，但忍住了。不，现在不是时候。"威尔说的，就是你所谓的紧张和压力吗，约翰？"

"是的，这就是我说的紧张和压力！或者用一个词'张力'来代替。这是一个很好的例子。顺便说一句，威尔，你刚才说的话我经常听到，它是市场和销售之间永恒的争论。"

这个例子帮助约翰集中起了大家的注意力。接着，他开始解释张力，这是一种可以改变某件事情或者使某件事情行动起来的能量。"张力未必是坏事。一个北美范围内的市场活动当然是很棒的事情，但你们手头已经有很多工作要做了，所以，该如何完成这个项目呢？你们有这种困惑是很正常的。一个雄心勃勃的目标，光是听起来就会产生紧张感，或者说是张力。每一个你不能立即回复的问题都会造成张力。事实上，在我的定义中，任何一个你觉得可能与当前状态不同的事物，都会产生张力。"

尼尔说："约翰，当你这样定义的时候，我突然发现我们随时随地都在应对张力。但这与团队生产力有什么关系呢？"

"很有关系，而且是方方面面。"约翰答道，"当张力被掩盖起来时，它就像机器里的沙子一样，一切都会变得更加艰难。但你同样可以利用张力获得更高的生产力。"

威尔在座位上坐直了身体："好吧，我很想知道该怎么做。"

"首先，你必须感知到张力。你们每个人实际上都是一台张力传感器。"

"你是说像雷达一样？"

"嗯，差不多吧。你们通过内置感觉器官，能自动感知张力。而且相信我，你们随时都在扫描，尽管你们大多数人都没有注意到。所以，如果要利用张力，第一步就是意识到你感知到的张力，意识到什么吸引了你的注意力。"

"你是说产生某种警觉？"索拉雅问道。

"可以这么说。"约翰答。

"第二步是应对这种张力，我称之为'处理张力'。处理张

第 2 章 合弄制

力可以有不同的方法,但其中一种重要的方法,就是把它提交到团队会议上。"

约翰继续解释说,在合弄制中有两种不同类型的会议,用来针对不同类型的张力,以防混淆。

塔玛拉终于忍不住了:"但是我们已经有太多的会议了。如果让我挑一样最不想要的事,那就是更多的会议。这些会议时间太长了,我总要花很大的力气才能一直保持专注。"

尼尔正要插话为他们的团队会议辩护,约翰已经作出了回应。"合弄制确实要开会,一点不错。但这些会都很简短,而且有严格的纪律。它消除了会议中常见的噪声。但这还不是全部。因为一旦你达成了清晰、明确的协议,你在后续跟进和一对一的协调上,在必须解决的小问题上,在抄送给所有人的电子邮件上,就不会浪费多少时间了。相反,你只需要做你的工作,保持专注就可以了。最终算下来,你节省了时间。在合弄制中有几个默认的固定角色,用来确保会议不会失控。最重要的一个角色是引导员,他主持会议,并执行会议规则。"

"你是说尼尔?"

"不,我是说'引导员'。不光是经理,任何人都可以担任引导员。我们先休息一会儿,稍后再回到这个话题。"

尼尔深吸了一口气。他不知道自己对这一切是什么感觉。

* * *

休息时,尼尔找到约翰。

"你刚才说的引导员是什么意思?谁来主持会议?"

"团队会选举自己的引导员。"

"有意思。"

"我能看出来你对此很纠结。"

"嗯,我只是不知道团队中谁应该成为引导员。主持会议是一门艺术。我不是说我很擅长,但是……"

"尼尔,你过虑了,你现在还真不用担心这些事。一开始,我会做引导员。"

"嗯,主持会议是我工作的一部分。我们公司中的每位经理都主持自己的团队会议。"

"说实话,尼尔,我从来没有参加过你们的任何一次会议,但我从你们的发言来看,你们的会议进行得不太顺利。但你们的情况并不特殊。"

"谢谢。"尼尔苦笑着说。

"不客气。"约翰笑着回答。

"你认为我们能说服团队采用合弄制吗?"

"这对你重要吗?"

"是的,很重要。"

"如果他们说不,你会怎么做?"

"我不知道。"

"瞧,你有点把自己逼到墙角了,不是吗?你是经理,而且就我所知,你想实施合弄制。"

"没错。"

"你可以给自己留些余地,我建议你把合弄制作为一个实验在团队中实施,一个为期4个月的实验。"

"这一点我倒是没想过。"

"我知道,"约翰咧嘴一笑,"但我对此比较有经验。"

第 2 章　合弄制

实　验

稍作休息后，大家都回来了，约翰又回到了他刚才的话题上。他为大家讲解在合弄制的会议上，决策是如何作出的。

"你们中有多少人参加过那种你无法完成所有议程的会议？"

所有人都举起了手。

"你们认为为什么会发生这样的事？"

"有些人就是太啰唆。"威尔率先说。他尽量不去看苏珊娜。

苏珊娜接着说："我认为我们讨论的细节太多了，我们几乎从未讨论过战略问题。"

利恩补充道："我们总是要听取所有人的意见，直到所有人都同意为止。"

"哦！如果我告诉你这一点不重要呢？如果我说，你在不征得所有人同意的情况下，也可以作出一个好的决定，会怎么样呢？"

苏珊娜问道："你说的'好的决定'，到底是什么意思？"

"我指的是可行的决定。有时你只需要确定某件事可行，然后执行就可以了。"

"对我来说，这听起来不够完美。"苏珊娜稍微提高了嗓音，"我也说不清，但我认为来这里的人都很有抱负。我总是努力争取最好的结果。不入虎穴，焉得虎子。你说的那些话，在我听来太过平庸。"

尼尔看到有人点头表示同意，担心气氛发生变化，于是很快抛出了一个问题。"你能解释一下，可行的决定是什么意思吗?"

约翰向前迈了一步。

"让我换个方式问这个问题：什么是一个不可行的决定?"

马上就有人喊出了答案："如果这个决定不清不楚的话。"

"或者无法执行。"

"或者不切实际。"

约翰继续说道："好的，很有意思，所有这些答案都是正确的。换句话说，只要你没有做这个决定，你的情况就不会比现在更糟。现在，让我稍微改动一下这个说法：如果某件事造成了后退，或者造成了伤害，那么它就是不可行的。"他边说边看着塔玛拉。

"说得太对了！这让我想起我们去年做的那个IT项目！简直是一场灾难！"

"所以，大家都清楚不可行是什么意思了吧?"

"我清楚了。"塔玛拉说，其他人也点了点头。

"好的，那么你们现在也就知道了什么是可行的……也就是说，如果它没有造成后退，也没有造成伤害，那么它就是可行的。这意味着它足够好、足够安全，可以一试。"

塔玛拉的脸上露出了笑容，其他人也点头表示同意。

尼尔插嘴道："但是等一下，约翰，这一点如何确保会议快速进行呢?"

"最主要的一点就是，你开始把可行的决定作为一项基本原则了。你可以说出你的期望，也可以听取每个人的意见，但在会议上，最重要的是帮助陷入困境的人摆脱困境。即便这个决定会影响整个团队，你也不能坐在那里无休止地讨论，非要找

第 2 章 合弄制

一个对每个人都完美的决定不可。"

"这样可以节省大量的时间。"利恩说。其他人也同意地点了点头。

"完美是'足够好'的敌人。"索拉雅聪明地补上了一句。

约翰确认道:"没错!追求可行的决定,这个思路要聪明得多。因为如果你能确定某件事足够安全,可以一试,你就可以放手去做。"

约翰停顿了一下,让大家理解他的这句话。

苏珊娜在椅子上不安地扭动着:"但这不就是我之前提到的平庸吗?"

约翰笑了:"我理解你为什么会这么想。仅仅作出可行的决定是不够的,另一个关键点是持续改进。一旦开始行动,你就会发现什么行得通、什么行不通,然后你就可以作出调整。这样,这个可行的决定就会变得越来越好。我们不能试图从一开始就设计出一个完美的方案,然后期待最好的结果。"

约翰准备结束他的讲座了。

尼尔看了看表,还剩下 15 分钟。他觉得这是摸清大家态度的一个好时机。约翰讲的东西对他来说很有说服力。他站起来,走到大家面前问道:"你们觉得怎么样?实施合弄制对你们来说'可行'吗?"尼尔缓慢而清晰地说出这个词的时候,大家都笑了。

"约翰讲的东西实在很吸引我,尤其是能帮助我们节省时间这一点。"索拉雅说,"我认为这真的会帮上我们。"

威尔补充道:"说实话,我不得不承认我们目前开会的方式有很大问题。即使我们从合弄制中得到的只是更高效的会议,这也是一个很大的进步。"

塔玛拉并没有被说服："我不确定我是否同意。我认为这里面仍然牵涉很多会议。我可以理解张力那方面的内容。但我讨厌开会,我最不需要的就是开会。"

"那你呢,苏珊娜?"尼尔问道。

"我还是有疑虑。自主权确实很吸引我。但另一方面,我对新系统并不感兴趣。根据我的经验,它们从来没有真正改善过任何事情。另外,我担心这会分散我们的工作精力。"

塔玛拉附和道:"苏珊娜说得有道理。"

有那么一会儿,尼尔真担心他们会重新陷入辩论当中。保持冷静;并非要征得所有人的同意。"让我换一种说法:我被说服了。但我能理解有人仍然心存疑虑。当我们签下北美的单子时,我就开始意识到这样做的必要性。我不想强迫大家做任何事,但我想请你们在接下来的4个月里,和我一起做这个实验。"

"如果实验失败了呢?"苏珊娜直接问道。

尼尔看着约翰:"你能解释一下吗,约翰?"

"你们实验的目的是寻找一种新的工作方式。从这个意义上讲,它不可能失败,因为事情肯定会发生变化。合弄制会为你们提供很多机会,让你们根据日常的工作,调整工作方式。这基本上是合弄制与生俱来的特点。"

苏珊娜说:"如果大多数人都同意,我也不会挡道。但我还是要观察。我不会为了改变而改变。我经历过这样的事情,我知道是怎么回事。"

第 2 章 合弄制

2.2 合弄制概述

2001年,美国企业家布赖恩·罗伯逊作为联合创始人,创办了三元软件公司(Ternary Software)。和尼尔一样,他相信事情可以换一种不同的方式高效地完成,而且相信要做到这一点,就必须更好地利用团队成员的创造力、企业家精神和热情的投入。他开始试验各种思想和方法。三元软件公司从一开始就基于敏捷原则创建软件,所以每个员工对此都很习惯。对罗伯逊来说,GTD是另一个灵感来源:他希望整个公司都能拥有这种清晰度,并进入心流状态!

合弄制源于这样一种信念:一定有一种更好的方式来经营一家公司。

这当然不容易。但是几年后,他的实验稳定了下来。他把这种方法称为"合弄制"(Holacracy),这个词是holarchy和后缀"cracy"的组合,指的是一种自然的层次结构。例如,一个细胞是由分子组成的,而分子又是由原子组成的;或者一个句子,它是由单词组成的,而单词又是由字母组成的。而那个后缀起源于希腊词krateo($\kappa\rho\alpha\tau\acute{\epsilon}\omega$),意思是"治理"或者"操作"。合弄制的治理并不像民主制那样,由人民来治理,而是通过一种自然的层次结构,由自组织来治理。

合弄制概述

合弄制是一种组织形式，可以基于张力不断调整它的结构。这种张力是你不断改进工作方式的动力。它告诉你什么地方需要什么东西，或者什么东西偏离了轨道。或者，正如我们在前面看到的，当现在的状态和期望的状态之间出现差距时，就会产生张力。合弄制确保每个张力都成为推动团队或组织朝自己目标前进的燃料。

合弄制利用张力作为燃料来改善团队的工作方式。

那么，在实践合弄制时，会是什么情形呢？在合弄制中，每个人都担任一个或多个角色。这个角色准确地描述了人们对你的期望，以及你有权作出哪些决定。这些角色在一起形成一个"圈子"，这个圈子在一个更大的组织中实现某个特定的目的。

通常我们把这类组织称为团队。那么团队与圈子有什么区别呢？团队是由人组成的，而圈子是由角色组成的。在一个圈子里，重点不是人，而是他们所做的工作和他们担任的角色。这些角色是由圈子自己在定期召开的"治理会议"中确定的。

在合弄制中，每个人都担任一个或多个角色。

除了治理会议，每个圈子还有"战术会议"，主要讨论圈子的日常工作。这是两个非常不同的会议，经常被搞混。我们把这两段话分开，以便能更清晰地加以区别。

清晰度和心流

战术会议和治理会议都有自己的会议规则。这些规则能够确保会议清晰、有效地召开，专注于圈子的目标和圈子的工作，并为更高一级组织履行职能。这些会议需要严格的纪律，几乎没有产生噪声和摩擦的空间。每个人都清楚彼此的期望是什么。

每个圈子都有定期的战术会议和治理会议，每个会议都有自己的规则。

当你担任一个角色时，如何完成这个角色的工作将取决于你自己。如果你遇到了张力或障碍，你可以在下一次战术会议上提出。如果圈子的运作方式或我们对角色的期望出现了问题，你可以在下一次治理会议上提出建议。以这种方式，合弄制创造出了前所未有的清晰度，因此圈子能得以运转，并确保所有人处于心流当中。

2.3　张力是燃料

合弄制就是用来处理张力的。这对尼尔和他的团队来说是件好事，因为在新单子的压力下，他们不缺张力！不过到目前为止，他们在处理这个问题上遇到了一些困难，无法以建设性的方式处理张力。他们的做法导致了挫折和冲突，每个人的视角和观点都略有不同。合弄制能帮上他们吗？

如果不理解张力的概念，你就无法理解合弄制。张力是现实世界在跟你说话：这是现在的样子——这是可能的样子。有时我们称这种现在的状态和可能的状态之间的差距为"创造张力"。然而，你并不一定总能把它看成"创造性"的。事实上，你遇到的张力是消极的还是积极的，取决于你看待它的方式。如果你说，"事情现在是这样的，但事情应该是那样的"，那么你就把这种张力看成了消极的东西，看作一个麻烦；如果你说，"事情现在是这样的，但事情可以是那样的"，那么你就把这种张力看成了积极的东西，看作一个机会。只有在给张力贴上"标签"时，它才变成了积极的或者是消极的。没有标签，张力就是中性的——它只是信息。

张力是现实世界给你的反馈；它提供了信息，告诉你事物现在的样子，以及它应该的样子，或者它可以成为的样子。

第 2 章 合弄制

浪费能量

如果你不知道如何处理张力,就会浪费很多能量。在这种情况下,团队成员并没有把张力看作信息,而是试图说服对方同意自己的观点,比如同意这件事是一个麻烦还是一个机会。你甚至会去争论,某人感觉到的张力是"真实的"还是"正确的"!在一些团队中,在作出任何决定之前,每个人都必须达成一致;而在另一些团队中,领导必须掌管一切,并作出决定。有时人们会把张力看作针对个人的东西,会陷入很大的压力,或者自我防御当中。或者你也可以总是把张力隐藏起来。这些都是"浪费"张力的不同方式。

利用每一点张力

张力就是能量,就像两个电极之间的电流一样。如果你不得不为每一个张力争吵,或者把它立即掩藏起来,你就没有学会高效地利用这种能量。你应该利用张力来改变事物,或推动某件事运动起来!就像在物理学中那样,能量守恒定律在这里也适用:张力永远不会真正消失,它只会改变形式。如果你不利用张力做些什么,它就会以另一种形式重新出现,比如沮丧或抗拒,或者让你后院起火。而你完全可以将这种能量作为燃料,促成改变。事实上,合弄制的承诺就是,无论张力是在哪里出现,或者是由谁发现的,它都会把它们当作燃料。如果你能做到这一点,你将拥有一个真正的"学习型组织"!

张力会演变成抗拒、挫折或摩擦。但你也可以将这些能量作为燃料,促成改变。

每个人都是一台传感器

实际上，每个人都是一台不断感知张力的传感器。没有两个人是完全相同的；每个传感器能感知到的波长都略有不同，因此带来了不同的视角。争论一个特定的张力是否"真实"，就像讨论房子里的温度是否"合适"一样，它们都是主观的体验。与其争论这个问题，还不如利用这些不同的视角，从中学习一些东西，或者作出一些改变。这样，张力就不再是"机器里的沙子"，而是推动机器运行的燃料了。

每个人都是一台独特的传感器，能够不断地感知到张力。

老 板

第二天早上，尼尔开始查阅电子邮件。约翰给他发了一份咨询费的报价单。尼尔对昨天讲座结束的方式并不满意。他知道，如果苏珊娜不同意这个计划，她在接下来的过程中肯定会碍手碍脚。他不想冒这个险。他见过她不合作的样子。虽然"作出可行的决定"这个想法很好，但这并没有给他带来任何确定性。难道只是去习惯约翰的这些行业术语吗？他回顾了过去几个月的情况：艰难的会议，还有那些张力。不能再拖了，他不可能一直这么犹豫下去。他又看了一眼报价单。他希望得到拉凯什的支持，他以前跟他说过这件事。当他走进拉凯什的办公室时，发现拉凯什正眯着眼睛盯着电脑屏幕。拉凯什非常专注，几乎没有注意到他走进办公室，直到尼尔走到他的桌子边才抬起头来。

"哦，是你。推广活动准备得怎么样了？"

"正在进行中……"

"你需要我签什么东西吗？"

"一份报价。我们之前讨论过这件事。我想雇一个人帮助我提高团队的生产力。"

"你是说这个合……合什么？"

"合弄制。"

"哦哦，'合作制'。这么说，你已经深入思考过这个问题了？"

"昨天我们团队就这个问题参加了一次讲座。"

"所有人都支持吗?"

"差不多所有人。"

"差不多?"

"苏珊娜有些不确定。"

"那你还想继续推动这件事吗?"拉凯什看了看报价单,"好吧,我会签字的,但你要让我看到成果。"

"虽然这并不容易,但我看到了一个机会,可以通过这次市场活动,让我的团队生产力提高一个档次。"

"好吧,你的团队你说了算。你才是那个要对付苏珊娜的人。而且即使她对这件事不感兴趣,你毕竟是老板。你要评估她的表现,而不是反过来……就像我要评估你的表现一样。"

"明白。"

回到办公桌后,尼尔立即安排3天后要召开一个启动会议,他要和约翰一起实施这次计划了。

规　则

多年来,奎斯特大厦来来往往有过很多租户,他们都留下了自己的印记。尼尔要使用的这间会议室以前是一个董事会办公室。上一个租户是家广告公司,他们在天花板上安装了巨大的带有图案的灯具。尼尔带约翰来到这间会议室,他对这里的空间和外面的风景印象深刻。

"你能这么快腾出时间来,真是太好了。"尼尔说。

"是的,和客户在同一座城市的感觉真好,我暂时有些厌倦四处旅行啦。"

第 2 章　合弄制

"我和老板谈过了,他支持我的计划。"

"太好了。"

"你经常谈到清晰度。我认为这就是我们这支团队缺乏的。"约翰点了点头。

"你可能会有这样的印象,我不愿意做决定,我希望征得每个人的同意。"

"上次讲座中,你就没能做到这件事。"约翰指出了这一点。

"今天下午,我要明确告诉团队,在这件事上,我拥有最终决定权。"

"这的确是你现在应该做的事。事实上,我今天将明确要求你签署一份《合弄制章程》。"约翰说。

尼尔还没来得及问约翰什么叫《合弄制章程》,团队成员们就一个接一个地走进了会议室。约翰一直等到每个人都拿到了自己的咖啡,坐在椅子上,才开始说话。他介绍了他的实施方案,这需要4个月的时间。

苏珊娜几乎立刻打断了他:"哇哦,等等!事情发展得太快了。我怎么不记得大家做过推进这件事的决定?上次我说过我愿意尝试一下,而现在我们已经在讨论实施方案了。"

尼尔说:"我已经决定这样做了。我考虑了你的意见,以及大多数人想要推进这件事的事实。最终,我作出了这个决定。"

"我认为让每个人都参与决策会更有礼貌。"苏珊娜说。

威尔这时大声说道:"我很高兴尼尔作出了这个决定。现在我们都知道自己该做什么了。"

尼尔有些惊讶,他没料到威尔会支持他。

但苏珊娜还没有放弃:"一起做决定会让大家更有归属感。"

"也许吧,"尼尔回答道,"但我认为对于我们来讲,已经不能一起做决定了。我们开的会太多了,什么都要开会,而且每次开会的时间都太长了。"

约翰打断了他们的争论:"对于谁有权做决定,我在这里看到了不同的观点。苏珊娜,你希望大家一起做决定,而尼尔和威尔希望由经理做决定。"

尼尔问道:"合弄制不就是要把这一点弄清楚吗?如果你是经理,你就有权作出最终的决定。"

"嗯,不完全是,"约翰解释道,"合弄制所做的是将权限分配给定义明确的角色,这样就不再有一个单独的经理为整个团队做决定了。"

苏珊娜点点头:"这听起来就是我要说的。"

"但也不是所有人在一起决定所有事,"约翰继续说道,"这里面是有区别的。做决定就是行使你的权利。我们要通过明确设置角色来做到这一点。每个角色都有自己的职责范围和相应的权利。所有这一切的运行规则都写在了《合弄制章程》中。"

约翰从桌子上拿起一本书,举在手中:"所有你们想知道的,关于在合弄制中如何做决定,如何授权,都可以在这里找到。"

塔玛拉露出痛苦的神色:"嘿,我们不会把一切都规定得死死的吧?"

约翰笑了:"当然不是。这些规则只是确保我们可以实施合弄制。就像足球一样,没有规则,就没有游戏。"

约翰举起一张单独的纸:"实施合弄制的第一步就是当前的权限拥有者签署《合弄制章程》。签署了这个章程后,他就把自己的权限分散出去。"

第2章 合弄制

尼尔看起来很吃惊:"你这是什么意思,约翰……分散权限?"

"现在,只有你一个人拥有最高权限,你可以决定团队如何工作。当你签署了这个章程后,你就把这个权限分散了出去。"

"分散给了谁?"

"分散给了一个定义明确的流程。你们将利用这个流程来决定谁做什么,以及你们如何作为一个团队一起工作。"

尼尔叹了口气:"我真的要签这个吗?这只是个形式,不是吗?"

"事实上,"约翰解释说,"这不仅仅是一个形式。这是我们就新的游戏规则达成一致的地方。签署了这个章程,你就同意没有人可以凌驾于这些规则之上,即使你作为经理也一样。"

尼尔看得出,约翰是认真的。"你让我有点为难。"

"如果你真想让它起作用的话……"

有那么一阵儿,会议室里一片安静。终于,尼尔站了起来,走过去,在《合弄制章程》上签下了自己的名字。

* * *

尼尔陷入一种矛盾的感觉当中。在接下来的几天里,他反复琢磨这个签名到底意味着什么。他很难弄明白这会对他在团队中的权威有什么影响。

在会议室的课程结束后,约翰给团队布置了一些家庭作业。每个人都必须记录下自己每天做了哪些事情,至少在一段时间内必须如此。约翰的要求很详细,所以尼尔也记录下他每天做的一切。他本以为这很容易,但实际上他发现,要诚实并准确地记录自己每天做的事情，相当有挑战性。有时候，这些记录让他感到不安，好像受到了冒犯。他没有意识到自己在相对不重要的事情上花了那么多时间！

几天后，当他给约翰打电话时，那股不确定的感觉仍然在折磨着他。

"我在这个团队中，会变成多余的人吗？"

约翰笑了："你害怕自己会无事可做？"

"也许吧。作为经理，我的任务就是解决员工的问题，并且督促他们不要忘记任何事情。我在这方面很擅长，因为我经常需要处理这样的事情。比如，前几天我就决定取消一封邮件，因为里面有个错误。"

"你认为这是经理应该做的事情吗？"

"如果我不盯紧这些事，它们肯定会偏离轨道。"

"所以，你认为团队需要你来解决他们的问题，而他们自己解决不了？"

"是的，基本上是这样的。"

"这听起来会花费你很多时间和精力。你一周工作几小时？"

"有时差不多要60小时。"

"你妻子对此有什么看法？"

"她不是太高兴。"尼尔说。

"我能理解。不管怎样，你不是唯一这么做的人。我自己也有很多年这样做事。我曾经是一家公司的总裁。一旦出现任何问题，每个人都会跑来找我，让我来解决。而我也很擅长解决问题。当我告诉每个人我对工作的要求有多高，我的工作有多努力时，我觉得自己是一个非常能干的人。"约翰沉默了一

第 2 章 合弄制

会儿。

"结果就是,我筋疲力尽,最后不得不请了 6 个月的假,才从压力中恢复过来。这时有人向我解释我的这种做法叫什么。他说,'这就是所谓的英雄式领导力'。这也是你现在做的事情。你认为自己是唯一能让这艘船浮起来的人。而且每当你拯救世界的时候,你都会极度兴奋,肾上腺素在你的血管里流动,那种感觉很棒,不是吗?你可能会对那种感觉上瘾。但实际的效果却恰恰相反。"

"你这话是什么意思?"

"这种英雄式的领导风格,会让你的团队成员失去责任感和归属感。无论什么时候出现问题,总是要由你来解决。你们谁也不想这样,但它总是不可避免地发生。"

"那么分散我的权限如何能解决这个问题呢?"

"因为你清楚地表明了,从现在开始,一切不再以你为中心了。相反,你们必须一起工作,使用合弄制的规则和流程来获得清晰感以及归属感,每个人都是他们自己角色的领导者。"

"规则和流程,这听起来很棒,但我们真的能相信这些规则和流程吗?它们真能起作用吗?"

"你还能当多久英雄式的领导?你不能成为团队中的瓶颈。分散权限,按照相同的规则行事,比你现在做的要有效得多,也可靠得多。"

"你是说,不再需要领导力了吗?"

"不,事实上,正好相反。分散权限意味着每个人在各自的角色和职责范围内,都要展示出领导力。"

"对我来讲,这听起来有点极端。在我读过的所有管理方面的书籍中,都在谈论如何激励领导者改变他们的组织。"

"这一点没错。在传统的组织中,领导者拥有变革能力是很重要的。但我问你一个问题。你了解理论,你也有技巧,你每周工作60小时,但你为什么还是没有管理好你的团队呢?"

尼尔思考了一会儿。"也许我……也许我需要在领导力风格上多下功夫?"

"用批判性的眼光审视自己当然不会有什么坏处,但也不要低估你所处的环境、系统和组织结构对你的影响。"

尼尔点点头:"我明白了。你指的是你一直在说的'操作系统'吗?"

"完全正确。你可以改进自己的领导力风格,或者让每个人都参加另一次培训,但最终,除非你改变游戏规则,否则游戏就不会改变。所以,既然我们已经改变了游戏规则,就是时候上场开始一把新游戏了。你准备好了吗?"

"我认为我准备好了。"尼尔说。

2.4 实施合弄制

开始一场新游戏总是令人兴奋。这时候你需要弄清楚自己要做什么，以及想要的结果。与此同时，你还不确定自己会陷入什么境地。尼尔想知道合弄制是否真能解决他的问题，以及他未来的角色是什么。或者说，他到底开始了一个怎样的进程？

开始实施

合弄制不是基于旧系统的一次更新；对于你的团队或组织来说，它是一套全新的操作系统。你需要学习一种新的语言，忘掉旧的行为，学习新的行为。决策的方式也将发生重大变化。在合弄制中，经理扮演了不同的角色。事实上，合弄制和GTD无压工作法一样，是一种全新的思维方式。为了方便起见，我们把这个过程称为"实施"。这听起来好听，而且容易理解。但同时，它又是一个有点危险的词，因为它给人一种印象，以为合弄制是一种现成的解决方案，可以拿来就用。但实际上，合弄制的关键在于改变团队的思维方式和工作方式。这不是一个可以"实施"的东西。

目的

你可能出于一些很好的理由对合弄制感兴趣。比如那些不断出现的挑战和问题，或者那些无法通过一个简单的项目或者一次研讨会就解决的问题。这些张力都是实施合弄制的动力。对于尼尔和他的团队来讲，这些张力包括：

- 责任不清，彼此的期望相互矛盾；
- 低效的决策过程和痛苦的会议；
- 优先级不明确，缺乏清醒的选择，最后导致压力和冲突。

这些不是偶然出现的问题，而是天天遇到的问题。它们是团队当前运作方式的自然结果。人们当然不希望出现这样的结果，但不幸的是，这种结果不可避免。正如人们在软件世界里说的那样：它们就是这款软件的特点，而不是漏洞。换句话说，它们不是系统的错误，而是系统的一部分！为了改变这一点，必须更换整个系统。

团队和组织面临的问题不是偶然的，它们是必然的结果。

这就是实施合弄制的目的：创建一个清晰的、自然形成的有机结构，在这个结构中，人们以自然而流畅的方式工作。正如你已经看到的那样，这个结构并不是预先设计好的。它会自然地演化，人们会根据必然出现的张力一步一步地对它进行调整。

《合弄制章程》

合弄制的规则在《合弄制章程》中都有明确的说明。例如，章程会规定一个圈子的成员拥有的权利和义务。你可以把它和足球或象棋之类的游戏规则做个类比。玩游戏的时候，你可能不需要查阅这些规则，但你知道你可以在任何不清楚的时候，或者发生冲突的情况下查阅。《合弄制章程》也是这样的：当你陷入困境，或者有什么不清楚的时候，可以查看章程。一旦当前的权限拥有者（通常是经理）签署了《合弄制章程》，你们就正式采用了它。它立即生效，并适用于每个人，包括经理在内！

实施过程

合弄制的实施过程分为 4 个步骤，分别对应本书的 4 个章节：

1. 描述和分配初始角色（第三章）
2. 召开治理会议（第四章）
3. 胜任角色的工作（第五章）
4. 召开战术会议（第六章）

第一步是根据当前的实际情况定义初始角色。这些初始角色会在定期召开的治理会议上根据张力进行调整。与此同时，我们会每周召开战术会议。这个会议关注的不是角色，而是工作本身。在日常工作中，会出现很多张力，我们会利用这些张力进一步完善各种角色。实施合弄制所需的时间，主要取决于战术会议和治理会议的频率。

治理会议不像战术会议那样每周召开一次，而是每两周召开一次。一旦取得了一些进展，治理会议通常每月召开一次。总而言之，大概需要几个月的时间，才能使一切流畅地运转起来。我们强烈建议最初由已经了解合弄制的人主持这些会议（作为引导员的角色）。如果不这样的话，你就有可能永远无法摆脱旧的行为模式的"吸引力"。当然，我们的目标是让这个圈子能够自己运行下去。平均来说，真正学会合弄制需要3—6个月时间。你也可以说这只是一个开始：毕竟，进化没有终点！

实施合弄制平均需要3—6个月时间。

第 3 章

角色和职责

第3章 角色和职责

角 色

当尼尔走进那间大会议室时,他注意到会议室的布置不一样了。椅子和桌子都被推到了一边,在一块白板前腾出了一大块空间。到处都是成堆的便利贴和记号笔。他不知道将会发生什么。

"我们今天不是要讨论职位分配的事吗?"

"我们要讨论的是角色和职责。"

"哦,那我得先出去一下。"

"好吧,我们5分钟后开始。"

尼尔走回他的办公桌,从文件柜里拿出所有的职位描述文件。这是个很好的机会,正好完成这些文件;这是他很久以来一直想做的事。等到所有人都进来后,约翰让大家围着白板站成一圈。

"好的,每个人都做家庭作业了吗?"

"做了,长官!"塔玛拉咧嘴一笑。

"结果怎么样?"

"比我想象中难得多。要列出这些活动并不容易,"威尔说,"我以为我把一切都安排得很好,但我列在清单上的东西与我想象的不一样。"

"说得非常好,"约翰答道,"下面我请你们每个人都到白板前,一个接一个地把你们的每项活动都用便利贴贴在白板上。"

利恩第一个走到白板前,开始在上面贴便利贴。

"哦,对了,当你贴的时候,试着把相关的活动贴在一起。"

约翰说。

渐渐地，白板上贴满了便利贴。尼尔对白板上出现的东西感到惊讶。他抓起职位描述文件，在上面做了一些笔记。约翰注意到尼尔在写着些什么。

"嗯，你那上面写了些什么？和这些相符吗？"

"不，不完全一样。但这很有趣。我要把这些记下来，这样我就可以更新我们的职位描述文件了。"

"我们过一会儿再谈这个问题。"约翰说。接着，他要求团队成员把这些活动最终分好类。大家聚在白板前，拿起便利贴，把它们移来移去。这花了一段时间，但最后所有的便利贴都分门别类地放好了。

"现在，我们要为每一类活动起个名字。"

经过短暂的讨论，每一类活动都有了一个描述性的名字。

"好的。这就是我们的初始角色：我们就从这里出发。"

尼尔说道："你是指职位？"

"不，我是指角色，"约翰答道，"现阶段，对这些角色的描述可能是不完整的，但这是对你们现在正在做的工作的合理描述。所以，这些是我们的初始角色。"

尼尔坐下来深吸了一口气。这些事情通常都是他考虑的事情，或者是他和人力资源部门讨论的事情。现在所有人都在谈论这些事，他感觉有点奇怪。这个部门的组织结构图就在他面前的办公桌上。

"我发现这与我们现在的职位描述有很多相似之处，当然也有一些不同。这对我来讲是一个很好的清单。但是，从实际出发，我们能不能根据这个清单，来调整我们现在的职位名称？"

第 3 章 角色和职责

"我不建议你这么做,尼尔。这当然不是说,你看到这个清单与你们现在的职位描述完全不同。但这里的重点是,这是一个自然产生的有机结构,它直接来自你们日常的实际工作;它不是人工规划和设计出来的东西。"约翰强调说。

尼尔又看了一眼手中的组织结构图。

"我们过去在这方面已经做了很多工作。完全弃之不用的话,似乎是一种浪费。而且我认为我们没时间去创建一个全新的结构。那样很傻,不是吗?既然我们已经有这么多东西?"

索拉雅这一次支持约翰,她说:"恕我直言,你说的是那些职位描述吗?我都不知道里面写的究竟是什么。但我能理解白板上的东西。"

尼尔开始觉得不安起来;索拉雅通常是站在自己这一边的。

利恩说:"我甚至从来没看过自己的职位描述。"

尼尔很想回答这个问题,但他还是忍住了。

约翰结束了这个话题:"听着,伙计们,今天我们不是来设计一个完美的组织结构的。这只是我们的出发点。如果我们试图完美,我们很快就会迷失在细节当中。"

* * *

尼尔没想到索拉雅和利恩会批评自己的那些职位描述文件。他在这上面下了很大功夫。他一直没走,直到所有人都离开了房间。

约翰看着他:"你好像有些困惑。"

"按照这样一个未完成的组织结构,我们怎么继续工作?我感觉我们不是离目标更近了,反而更远了。"

"我们刚才已经为第一次治理会议打好了基础。"

"我还有什么权威性呢？还是说，我已经把所有的权限都分散出去了？"

"当然，你仍然保留了一些权限，事实上，那些是非常重要的权限。"约翰从公文包里拿出《合弄制章程》，翻到一页，上面写着"引导链接"。他直接把它递给了尼尔。尼尔看着上面的内容，焦虑开始减轻，渐渐觉得自己又找回了轻松的感觉。

"所以，我是引导链接？"

"你担任引导链接的角色。"

"担任一个角色——这和我现在做的有什么不同？"尼尔的声音开始有些急躁。

"你不是你的角色。角色是一个组织单位，需要人来赋予它能量。让我换一种说法：你是这里的市场营销总监，对吗？"

"是的，我是。"

"你注意到了吗？你说的是'我是'。但如果我告诉你市场营销总监的业绩不佳呢？"

这句话吓了尼尔一跳："你这是什么意思？"

"我就知道你会吓一跳。这就是你把自己的身份贴上标签时会发生的事情。它会让你认为这些说法是针对你个人的。"

"但这是很自然的反应，不是吗？"

"这是可以理解的反应，但并不意味着这是很自然的反应。如果你把事情个人化，就无法区分自己的需求和组织的需求，然后事情就混在一起了。你会把张力和个人联系起来，认为它们是针对你个人的。然后你就需要面对自尊心以及办公室政治了。"

第3章 角色和职责

约翰用手指翻看着《合弄制章程》。

"回到引导链接：这是每个圈子都有的核心角色之一。这些核心角色有许多默认的责任。例如，作为引导链接，你有权将某个角色分配给某个人。在我们召开第一次治理会议之前，你需要把我们今天创建的这些角色分配好。现在，你准备好在你的新角色上开始工作了吗？"

"这个名字听起来没有市场营销总监那么气派，但是，好吧，我们试试看。"

3.1 缺失的桥梁

实施合弄制的第一步是为团队成员分配角色。尼尔有点挣扎，他写的那些职位描述都白写了吗？而且这真的有助于提高团队生产力吗？为什么这些角色这么重要？

连接两个世界的桥梁

角色是连接日常工作和总体目标的桥梁。大多数人总是更喜欢二者中的某一个。一些人更喜欢具体的行动，喜欢找出哪些行动行得通、哪些行不通。另一些人则喜欢后退一步，看清楚目标，以及如何更好地实现它。当日常工作和总体目标之间失去了联系，就会出现两个不同的世界。一个是你整天忙碌于其中的现实世界。这是看得见摸得着的世界，是你天天工作的地方。另一个是目标和期望的世界。这个期望的世界并不容易看到。只有从具体的工作中后退一步，才能不只看到树木，还能看到整个森林。

角色是连接日常世界和理想世界的桥梁。

如果缺失了这座桥梁，你就无法走得更远：如果你不知道要去哪儿，再努力工作也无济于事。相反，无论你多么清楚目标是什么，如果不把它转化为切实可行的行动步骤，你也看不到这些想法变成现实的那一天。

角色和职责

连接两个世界的唯一方法是在日常工作和理想世界之间建立桥梁。这不仅适用于团队,也适用于个人。你自己的日常工作也需要与你的目标联系起来。如果不这样,就会产生很多张力。这就是"角色和职责"要做的事。我们在这里是这样使用这两个术语的:角色是指自然联系在一起的若干职责的集合;职责是指为了达成该角色的目标,需要持续关注的领域或活动。

一个角色包含多种职责。每种职责都涉及一个为了达成该角色的目标而需要关注的领域或活动。

比如,"父母"就是一个包含了多种职责的角色,他们有责任抚养孩子,并为他们的成长创造一个安全的环境。另外,这个人也可能会同时承担"人力资源经理"这个角色,负责招聘和选拔员工,并制定人力资源政策。正如你看到的那样,一个人在生活和工作中可以担任多个角色。

抓住重点

与完成一个项目或者行动不同,你永远不会"完成"一个职责。你的大部分日常工作直接来自一个或多个角色的职责。在某些情况下,这些职责没有明说,而且你很少会想到它们(比如来自"父母"角色的职责),而另一些职责是非常明确的(比如来自"营销总监"角色的职责)。还记得那座连接两个世界的桥梁吗?你是否发现,你的日常工作与你的目标没有(充分地)连接起来?那么,这很可能是因为你在工作或生活中没有抓住重点——对你的角色和职责不清楚。又或者,你对自己的角色很清楚,但对角色的划分(例如,在你的团队中,或者在你的婚姻中的角色划分)并不清楚。如果是这种情况,那么把它们弄清楚,会对你大有好处。而好消息是,这并不难!

3.2 明确期望

角色是合弄制的核心。它们不仅将日常工作与理想世界连接在一起,而且还将组织与在组织中工作的个人连接在一起。你承担的角色决定了别人对你的期望。

角色连接了组织和在组织中工作的个人。

这可能就是我们如此痴迷于头衔的原因:别人对你的期望越大,你就显得越重要。我们对经理的期望比对普通职员的期望要高,无论这个"经理"前面是否有"物流"、"技术支持"或"财务"等标签。但在现实中,这些期望并不明确。你具体负责什么?我能指望你做些什么?你有什么权限?可以作出什么决定?如果你问三个同事,你会得到三个不同的答案——而且这些答案都会与正式的职位描述不同。

职责和权限

职场中几乎所有的冲突都来自期望不同。只要人们的期望不明确,这些冲突看起来就会是针对个人的冲突。但实际上,冲突通常都不是针对个人的,而是针对角色的;它们是针对角色的冲突。

实际上,工作中的绝大多数冲突都是针对角色的冲突。

在合弄制中，角色的目的是让期望变得明确，让围绕角色的一切变得清晰。通过角色，你可以准确地知道你从对方那里能得到什么、不能得到什么。因此，人们要准确定义角色的职责。例如，数据库角色的职责包括"定期备份数据库"。如果这是你担任的一个角色，那么其他人就会期望你做这件事，他们知道你会对这件事负责。当然，你还需要相关的权限，以便作出决定，更好地履行这个责任。因此，合弄制自动将权限和职责结合在了一起。角色就像"血管"。通过血管，职责和权限分布在整个组织中。在合弄制的术语中，这叫作"分布式权限"。它与传统的等级制管理截然不同。在传统的等级制管理中，权限集中在一个人或几个人身上，他们（可以）作出所有的决定。

角色定义了职责和权限，使期望变得明确。

这意味着在合弄制中，你不是一个无足轻重的"螺丝钉"。在你的角色中，你是一个企业家，你不仅承担责任，而且有真正的权限来作出决定。

角色和职位的不同

初看起来，角色与职位很像。毕竟，在职位描述中，通常也会包括职责和权限。然而，这里有一些重要的区别。首先，职位是经过事先仔细设计的，大部分是不变的。当然，它们偶尔也可以进行调整，但很少发生这种情况。而对角色的描述会根据张力不断进行调整。其次，角色不是由人力资源部门或者某个顾问设计的，而是由角色所在的圈子设计的。它们是基于当时正在发生的事情设计的，而不是基于某种理论或对事情应该或者可能如何发展的分析设计的。再次，角色比职位更灵活，更"流动"。角色通常比职位负责的范围小，因此，大多数人会担任多个角色。总结一下，你可以将角色看作职位的一种"敏捷版本"。

角色由圈子本身定义，并且不断进行调整；而职位是在圈子之外设计的，并且是不变的。

3.3 定义初始角色

如果角色与职位不同，不是由人力资源部门或者某个顾问设计的，那么它们是如何创建的呢？你如何处理现有的职位描述——就像尼尔曾经起草过的那些职位描述呢？答案很简单：要根据现实情况描述这些角色。这就是说，我们要有意识地把现有的角色描述或职位描述放在一边。我们要做的是仔细观察现在谁在做什么。这就是约翰要求团队成员做的事情——至少在一段时间内准确记录自己每天都在做什么。

以当前的实际情况为出发点

这听起来很容易——也许太容易了？这当然不复杂，但你必须注意几件事。最重要的是从当前的实际情况出发，而不是从你认为它应该或可能的情况出发。角色将在圈子的治理会议上得到定期调整，因此你只需要一个出发点即可。当前的情况提供了最好的出发点，因为从这里开始，你可以根据实际的张力调整角色，而不是根据假设和预测调整角色。

当描述一个圈子的初始角色时，要从当前的实际出发，而不是从你认为应该或可能的情况出发。

建立出发点最简单的方法是，在一定的时间内，记录每个人每天都做了什么——不是你想做什么，或者你应该做什么，而是你实际做了什么。如果你这样记录了几个星期，到了一定程度时，你会看到一种模式。在你的日常工作清单中，会发现许多持续性的或者反复出现的活动。我们将根据这些活动定义初始的角色和职责。

够用就好

当每个人都在几周内记录下自己每天的工作后，就可以在圈子中分享结果了。这可以让你很好地了解整个圈子都做了哪些工作。我们将根据这些信息创建初始角色。它不需要完美，只要能作为一个出发点就可以了，因为现实会以张力的形式给我们反馈！在圈子的治理会议上，我们会把这些张力作为燃料，推动我们的角色和职责不断演进。因为你永远不会完成这件事，角色结构也永远不会"完美"，所以作为出发点，一切"够用就好"。

初始角色不需要完美；毕竟，我们会根据圈子成员感受到的实际张力不断进行调整。

3.4 记录每天的活动

在创建初始角色之前,圈子中的每个成员都要做一些准备。做这些准备的目的是了解每个人的日常活动。这里容易出现的问题是,你在记录时可能会用你应该做或者可能做的事,来代替你实际在做的事。每个人至少要花两到三周时间,准确记录自己每天都做了些什么。这么做是很有帮助的。你可以把它们记录在一个表格或日历上;或者可以使用在线服务,让它每天给你发送提醒邮件,然后在一个简单的日历上记录你的活动。

我今天做了些什么?

这实际上就是在每个工作日结束时,问自己一个问题:"我今天做了什么?"不是"我希望自己做了什么?"或者"我本来应该做了什么?",而是你实际做了什么。如果你的工作是重复性的例行工作,那么记录一周就够了。但如果你的工作比较复杂,类型多样,那么你可能需要更长时间才能获得一个清晰的图景。

连续几周记录你每天都做了什么;不是你想做什么或者应该做什么,而是你每天实际做了什么。

记住:你的记录不必"完美无缺";在现阶段,够用就好。最主要的是要对你的工作有一个大致的概念,知道你正在做的事情就可以了。

下面是一个例子。当一天结束时，这些事情可能会出现在尼尔的清单上：

- 准备向管理层汇报用的讲稿；
- 和索拉雅讨论月度报告；
- 提交第三季度预算；
- 更新法律声明；
- 阅读研究报告；
- 与丹尼斯通过电话，讨论市场推广活动的进展；
- 与塔玛拉讨论发给客户的邮件；
- 准备利恩的绩效评估会议。

你不需要记录每一件小事或每一次电话。我们需要做的是，对你的主要活动做一个综述。有些天你可能会记录 3—4 条，有些天你可能会记录 10 条。但如果你每天都记录 20 条，那么你记录的细节就太多了。当你对清单上列出的内容满意时，我们就进入下一步。

持续性活动

拿着你的清单，把你的活动进行分类。看看哪些活动属于同一类，你从中看到了哪些模式，更多地关注这些工作的性质，而不是具体的内容。你手头的项目每隔几周或几个月就会发生变化，但你的活动类型却很少发生变化。现在，我们要把这个包含了各类活动的长列表，缩短成一个包含了持续性活动的短列表。我们在这里使用的"持续性活动"是一个术语，它的范围比一次行动或一个任务更广。此外，和一次行动或一次任务不同，持续性活动永远不会结束。例如，尼尔的持续性活动包括：

- 制定并监督预算使用情况；
- 制订战略和年度计划；
- 评估员工绩效；
- 开展面试；
- 维护现有的客户关系；
- 汇报销售和市场数据给上级管理层。

正如你看到的那样，每个活动都以动词开头。这并非巧合，因为这些动词描述了活动的性质。"预算"不是一项活动，但"制定并监督预算的使用情况"是一项活动。这些带有连贯性动作的动词——比如"维护""发展""组织"等，描述了持续进行的活动。而那些描述看得见的、有实际动作的动词，通常代表了一个具体的、特定的行动（例如"发邮件""和某人谈话""打电话"等）。这些行动背后通常有一个更一般的持续性活动在驱动它们。

将你的日常活动分类，并识别出你的持续性活动。每个持续性活动都有一个或多个清晰的、带有连贯性动作的动词来描述。

行动和活动之间的界限通常是模糊的。例如，你可以说"开展面试"是一个重复发生的动作。在这个例子中，它也许是一个非常重要的、持续发生的活动，因此被归类到持续性活动中。你在列表中应该能够找出平均5—10个持续性活动。如果比这个数字少，可能说明你对这些活动的描述太概括了；如果比这个数字多（很多），可能说明你太关注细节了，至少在这个阶段过于关注了。在这个圈子的治理会议中，我们有很多机会去添加细节，让它们更具体！

3.5　明确角色和职责

在关于角色的课程上,约翰一开始就询问大家:"每个人都做家庭作业了吗?"因为约翰要求团队的每个人要连续几周记录自己每天做了些什么。根据这些记录,他们每个人列出了一份自己的持续性活动清单,平均每个人5—10条。把这些合并起来,就可以很好地了解整个圈子所做的工作了。现在则可以进行下一步:明确角色和职责。这些角色和职责是第一次治理会议的出发点。

自然生成的有机结构

让整个圈子的成员一起定义初始的角色并制定每个角色的职责,这项工作非常重要。一个很有效的做法就是,每个人都事先把自己的持续性活动清晰可辨地写在便利贴上,每个便利贴上写一个活动。

确保你至少有两小时的空闲时间,并且有一个足够空旷的房间,有一堵墙或一些大窗户以及一张桌子。

在创建最初角色的工作会议上,要有这几样东西:能将整个圈子成员聚集在一起的宽敞的房间、一面空白墙壁和很多便利贴,以及两小时的空闲时间!

这次工作会议的目的就是把所有的便利贴都贴在墙上,并把它们分门别类地放在一起。你可以用两种方式做这件事：所有人一起做，但彼此不要说话；或者一个人一个人做，每个人做完后简短地解释。其他成员听到后，如果有不清楚的地方，可以再提问。这里容易出现的问题是大家讨论过多的细节。记住，现在的原则是"够用就好"，不要在这一步上花太长时间！不要随意贴便利贴，贴的时候就要把它们分类放在一起。当第一个人贴完后，下一个人拿着自己的便利贴上去贴。在可能的情况下，把自己的便利贴贴到已有的类别中。如果你有一个新的和这些类别都不同的活动，就建立一个新类。一直这样做下去，直到所有的便利贴都贴在墙上。这样可以清晰地展示出所有类型的持续性活动。在做这件事的时候，谁贴了哪张便利贴，或者谁对哪些特定的活动负责并不重要。我们寻找的是这个圈子当前工作中的有机结构。哪些活动是自然地联系在一起的？这些工作都"生活"在哪里？这里的关键点是，你要关注的不是完成工作的人，而是工作本身的结构。

在把各种活动分类时，你要寻找的是这个圈子当前工作的结构。

如果很多便利贴都集中在一类当中，那么你可以看看是否能以一种自然的方式把这个类分成两个或更多的类。你也可能会碰到一些不属于任何类别的活动，你可以把它们看作单独的类别。在你不断往上贴便利贴的时候，会发现在同一类别中，出现越来越多重叠的活动。这是非常正常的。这意味着你正走在正确的轨道上！

分配初始角色

确定圈子初始角色的基础，就是这些不同类别的持续性活动。一个角色由一个或多个职责组成。在合弄制中，职责是指角色负责的持续性活动。这意味着我们已经快做完了：每个类别中的持续性活动，在原则上就是一个角色的职责！

一个角色由一个或多个职责组成，每个职责都是这个角色负责的一项持续性活动。

把一类持续性活动转换为角色和职责，只需要做两件事：

1. 将这些（部分是重叠的）持续性活动总结为若干明确的职责；

2. 为每个角色起一个名字。

从第二步开始是最简单的做法。在为角色命名时，重点应该放在角色的内容上。你并不需要想出一个什么华丽的头衔（首席执行官、办公室用品采购部副总裁等），而是要想出一个涵盖角色职责的名称。角色的名称只是一个标签，角色的职责才真正定义了角色。例如尼尔的团队，他们的角色名称就有市场活动、在线业务、文案、项目协调员、公关和销售等。越清楚越好！

> 角色的名称只是一个标签，代表这个角色的职责。

明确每个角色的职责（第一步）可能需要更多的专注力。我们建议在工作会议后，由一个人单独解决这个问题，而不是交由团队无休止地讨论。重要的是，每一项职责都要以一个明确的动词开始，而且要代表一项持续性活动。你可以很容易地测试这一点：如果这是一项能完成（做完）的活动，那它就不是持续性活动。这些活动通常都是某个项目或任务中的活动。"提交第三季度预算"不是一个持续性活动;"制定并监督预算使用情况"就是一个持续性活动,因为它会反复出现。下面是尼尔的团队创建的一个角色的例子:

"市场活动"角色——职责包括:
- 制订和修改市场活动计划;
- 联系广告公司,告知市场活动进展情况;
- 测试市场活动;
- 维护与广告公司的关系。

你可以看到,每一个职责都以动词开头。这些都是你永远不会完成的责任,它们是持续性活动。顺便说一句,这并不是非黑即白的事情:没有永远的持续性活动。它们都是相对的。但如果你预计在几个月之内,或者到明年,这些活动仍然存在,那我们就可以称它们为持续性活动,并在圈子里为它们安排一个角色来负责。

每个职责都以动词开头,都代表了一项持续性活动。

几个容易犯的错误

你可以和各种不同的团队一起做这件事,神奇的是,它总会成功!然而,有几个容易犯的错误你要注意。最主要的错误是你会受到诱惑,偏离当前的现实。你会受到愿望、意见和想法的诱惑,失去对当前现实的把控。例如,你会用应该做什么或可能做什么代替真正做了什么。通过这个活动,你要寻找的是圈子的有机结构,而不是每个团队成员的个人喜好。对此保持警惕非常重要，因为对于真正的改变来说，一厢情愿的想法是一个不稳定的基础。

第二个容易犯的错误是追求完美。这会让你把注意力从关键性因素和行动性因素上，转移到次要问题和细枝末节上。追求完美可能让你看不到当前的现实。如果在两小时内，你已经提炼出了角色和职责中的大部分当前活动，那就足够了。毕竟，这些角色只不过是一个起点，它们会根据张力和新的数据持续演变。

第三个容易犯的错误是把重点放在人而不是事情上。在这个活动中，谁贴了哪张便利贴，甚至谁在做哪些事情都不重要。重要的是，你要看到整个圈子正在做的工作，以及哪些活动应该放在一起，哪些不应该放在一起。至于哪个人应该担任哪个角色，尽管非常重要，但这不是定义角色时要做的事情。这方面的问题应该留到角色和职责都明确了之后再解决。

最后一个容易犯的错误是对活动的描述不清晰。这通常是表达上出了问题。正如我们前面看到的，"预算"不是一个活动，"制定并监督预算使用情况"才是。

在创建初始角色时，最容易犯的错误是一厢情愿、追求完美，以及关注人而不是事。

3.6 分配角色

在和圈子成员开完工作会议后,你的面前有了一组初始角色和职责。现在,差不多就可以召开第一次治理会议,并根据张力进一步调整角色了。不过,在我们这样做之前,还有几个重要问题需要回答。哪个人担任哪个角色?这一点是如何决策的呢?这时就要用到另一个角色了:引导链接。

引导链接

每个圈子都有几个默认角色,它们是圈子的运行所必需的。其中之一是引导员,这个角色负责主持圈子的会议。这是约翰暂时担任的角色,他会一直担任到尼尔的团队能够选出接任者为止。尼尔担任引导链接这个角色。到目前为止,我们还没有真正介绍过这个角色是做什么的。现在是速成班的时候了。第一眼看上去,引导链接这个角色看起来像一个经理,但正如我们将看到的那样,事实并非如此。引导链接由"上一级"的圈子(或"更大范围"的圈子,取决于你怎么看)任命。简单地说,引导链接负责表达这个圈子的目的。引导链接这个名字表达了两件事:首先,引导链接"引导"圈子以及圈子中的角色(但不是圈子中的人——这是一个重要的区别,我们将回到这个问题上)。此外,这个角色是这个圈子与上一级圈子的"双重链接"中的一半。"双重链接"中的另一半是"代表链接",这个角色在上一级的圈子中代表这个圈子。我们后面会详细谈到圈子间的双重链接，以及代表链接这个角色。

引导链接负责表达这个圈子的目的。

就像所有角色一样，引导链接有许多特定的责任（具体请参阅附录二）。首先，引导链接将整个圈子的职责和权限分解为具体的角色。这种分解就是所谓的"分布式权限"，它是合弄制的关键：它比委托更进一步，它是把职责和权限完全转移和分配到各个角色当中。这个过程是在治理会议上通过一个特定的决策程序完成的。我们将在下一章中讨论。任何没有分配出去的职责和权限都保留在引导链接中，直到可以清晰地知道它们在圈子中的位置（属于哪个或哪几个角色）。引导链接的工作做得越好，他（她）就会越少地参与到圈子的实际工作中来，会越来越淡出到背景中。这并不意味着尼尔会失业，只意味着他会有更多的精力担任圈子里的其他重要角色。毕竟，在合弄制中，你可以（也经常会）同时担任多个角色！

引导链接承担了圈子中的所有职责和权限，并会不断地将它们分解为不同的角色，然后分配出去。

引导链接的第二个职责是分配圈子中的角色。这些角色是在圈子的治理会议上提出，并在这个会议上不断进行调整的。但由哪个人担任哪个角色是由引导链接决定的。这是引导链接最重要的一项任务。引导链接还负责分配圈子的资源，包括为特定的角色或项目分配预算。最后，引导链接会把来自上一级圈子和整个组织的战略以及优先事项，转化为这个圈子更具体的战略和优先事项。实际上，在引导链接创造的条件下，圈子中的每个角色都可以自主地作出决定，并设置优先事项。

引导链接负责分配角色，分配资源，并确定圈子总体上的优先事项。

合适的人担任合适的角色

引导链接负责分配已经创建好的角色。然而，引导链接的责任还不止于此：他（她）还负责监督圈子成员履行角色的情况，并在必要时对谁担任哪个角色进行调整。毕竟，只有每个人都胜任自己的角色，圈子才能获得最好的业绩！在分配角色时，你可以遵循两条路径。你可以把一切推倒重来，让你认为最合适的人担任最合适的角色。这可能意味着在圈子的分工上，要作出小的或者大的改变。或者你可以以当前的实际情况为出发点，根据目前的工作现状分配角色。

通过将合适的角色分配给合适的人，引导链接确保圈子表达出它的目的。

选择哪条路取决于你想干什么，以及这个圈子是否能承受工作方式的重大变化。一般来说，我们建议以当前的实际情况为出发点（不要剧烈变化），但如果你希望走得更快，而且也能走得更快的话，你也可以把一切推倒重来。如果你像尼尔一样，决定以当前的实际情况为出发点，那么你很有可能不得不把一些角色分配给几个人。这可能是因为他们在做同样的工作，或者因为他们的活动中有很多重叠的部分。作为一个起点，这不是问题。当几个人担任同一个角色时，你可以为他们选择不同的"工作重点"。这方面的一个例子就是销售角色，一个人可以负责加拿大，另一个人负责美国西部，等等。通过这种方式，即使很多人担任同一个角色，谁负责什么仍然很清楚。

"可行的"就足够了

引导链接分配的角色可以很容易地根据张力和新的数据进行调整。因此，在分配第一个角色时，"目前可行"就足够了。此外，在这个过程中，让圈子成员参与进来也是很明智的，特别是当事情发生变化时，参与更重要。注意，不要把这个过程中出现的张力隐藏起来！否则这个圈子不仅会失去重要的信息，难以变得更好，还会失去推动变革的宝贵燃料。如何把这些张力作为燃料是下一章的主题：治理会议。

第 4 章

治理会议

第4章 治理会议

议　程

尼尔匆忙穿过走廊，去参加团队的第一次治理会议。第一季度快结束了，他整个上午都在忙着准备预算汇报的内容。拉凯什支持他的方案，因为他希望给投资者留下非常积极的印象；他实在需要北美的这次推广活动大获成功。但是这个团队还没有全速运转起来。尼尔刚刚分配好上周团队工作会议上定义出的角色。当大家就座后，约翰开始了他的介绍。他解释说，这次会议将不同于他们习惯的那种团队会议。

"我们今天不讨论具体的工作内容。"

苏珊娜抬起头："那我们讨论什么呢？"

约翰答道："我们将讨论你们对彼此的期望，以及你们的合作方式。人们通常会避免讨论这个话题，因为这是一个艰难的话题，大家通常不知道如何开始这样的对话。"

尼尔点头表示同意。

"正因为这是个艰难的话题，所以我们在这次会议上，将遵循一个高度结构化的流程。对于你们中的一些人来说，需要花一些时间来适应。你们会学到新东西，但至关重要的是，你们要抛掉一些旧东西。"

有些人点了点头，其他人则在静静等待。

"我们将从签到环节开始。签到环节是一个简短的环节，在这个环节中，每个人都会轮流分享自己脑子里正在想的事情，这样你就可以放下这件事，全身心地投入到这次会议中来。"

尼尔告诉大家，他的脑子还在刚才的预算会议上，他需要一点儿时间来调整一下。当塔玛拉正要回应他的话时，约翰立即打断了她。

"签到环节禁止交谈或讨论。"团队的其他成员显然明白了，都尽量简短地讲完了自己的事情。约翰走到一架挂好了白纸的翻页板前，请每个人说出自己感觉到的张力，以便制定会议议程。大家安静了一会儿。

威尔先开了口："我们通常都有一个已经拟定好的议程，会提前发给大家。"

"议程上的所有事项都是你们想讨论的吗？"

"不，不完全是。这些都是尼尔定出来的……"

这话终于激怒了尼尔，他打断威尔说："那是因为我希望每个人都为会议做好准备。不幸的是，我经常是唯一做到这一点的人。"

约翰插话道："准备议程并没有错。但如果整个会议的议程都是由一个人预先准备好的，那么这些议程往往不是整个团队都关心的。"

尼尔觉得约翰的说法有点贬低了自己的地位。"为什么不是呢？我不会随意把事情放在议程里的，我总是会仔细考虑。而且只有我对团队的整体情况有全面的了解。"

约翰点了点头："尼尔，我毫不怀疑你会仔细考虑议程。但我们在这里做的是根据张力制定一个会议议程。这里的每个人都会感知到不同的事情，所以我们希望把它们都摆到桌面上来。这样我们就可以确定，我们谈论的是真正的张力，而不是你在准备会议时看起来有价值的那些事项。所以……我们还是回到会议议程。"

第 4 章 治理会议

稍作犹豫后,大家开始说了起来。约翰在翻页板上用关键词写下了一些议程事项。尼尔向后靠在椅子上。当场制定会议议程?他还要观察观察,看看是否对他的团队有效。

4.1 根据张力调整角色

现在,尼尔和他的团队正在进行他们的第一次治理会议。他们需要一段时间来适应,因为这与他们以前熟悉的那些会议非常不同。签到环节?当场制定议程?这个治理会议的重要性究竟是什么?如果角色是合弄制的心脏,那么治理会议就是心跳。在治理会议上,角色会根据张力进行调整。治理会议通常每月召开一次,但在开始时,多开一次是有好处的,比如每两周开一次;这会帮助团队保持势头。另外,在最初的几周会出现很多张力。在这些张力中,很多早已存在,但它们以前是以缺乏清晰度、挫败感,以及矛盾冲突表现出来的。现在我们可以把所有的张力作为燃料,大量的能量将被释放出来!

治理会议是合弄制的心跳。在这个会议上,角色会根据张力进行调整。

治理会议的目的

在大多数组织中,经理负责决定每个人的具体工作。但是,作为经理,如果签署了《合弄制章程》,那么你就将这一权限赋予了治理会议的流程。从这一刻起,角色和职责只能在圈子的治理会议上创建和调整。作为引导链接,你仍然负责分配角色:决定由哪个人担任哪个角色。在治理会议中,圈子中的任何成员都可以提议添加、更改或删除角色。这是遵循一个由引导员强制执行的、高度结构化的流程来完成的。有时这个引导员是外面请来的人，比如约翰，他正在帮助圈子在新的规则下开始运行。最终，引导员这一角色将由圈子里的某一名成员担任。

人们需要一些时间来适应治理会议的结构。通常需要开几次会，才能了解并理解新规则。更重要的是，你必须改掉那些根深蒂固的习惯，比如经常打断别人谈话，或者长时间地讨论。引导员这个角色就要负责确保会议结构，并在需要时打断人们的谈话。如果你不习惯这样，可能会发生激烈的对抗。有人要改掉的习惯是，总喜欢快速说出自己的意见，还有些人则要学会更积极地参与。因此，在前几次会议中，重点是学习和实践会议的结构，而不是会议的内容。随着学习的进行，对会议结构的关注将逐渐淡化，对会议内容的关注将再次成为重点。一个运转良好的治理会议会产生非常清晰的结果：对每个人的期望是什么，你有哪些权限自主作出决定。

在治理会议上，任何人都可以按照严格的会议结构提出建议，添加、更改或删除角色。

4.2 治理会议的结构[1]

治理会议有一套高度严格的结构，我们在这里也可以称之为"格式"（Format），由引导员强制执行。它由以下几步组成：
- 签到环节（Check-in）；
- 制定议程（Building the Agenda）；
- 处理议程（Processing Agenda Items）；
  - 议程事项1；
  - 议程事项2；
  - 等等；
- 结束环节（Check-out）。

签到环节

签到环节标志着会议开始。每个人轮流告诉圈子里的其他成员，自己脑子里正在想的事情，其他成员只是听。把这些占用了当前注意力的事情分享出来，可以帮助你暂时摆脱它们，这样就不会分心，可以全身心地投入到会议当中。签到环节的一个例子是："我刚和客户开了一个很棘手的会。我仍然在思考如何解决他们的问题。"如果其他人回应，或者即将开始讨论，引导员会立即打断他们。这个环节的目的只是分享你脑子里正

---

[1] 【说明】这本书一会儿说"流程"，一会儿说"结构"，一会儿又说"格式"，其实是一个内容。我尽量统一。

在想的东西，让其他人知道，也让自己放下。

在签到环节，每个人轮流分享自己脑子里正在想的事情，这样你就可以放下它，全身心地投入到会议当中。

制定议程

签到环节之后将制定议程。很多会议的议程都是事先制定好的。但在这里不是：治理会议的议程是当场制定的。任何人都可以添加议程事项。根据引导员的偏好，可以按照随机顺序添加，也可以分几轮添加，每个人每轮都提出一个议程事项，直到没有更多的事项为止。这样做的目的是制定一个以张力为基础的议程。如果你预先制定议程，那么它只会包含你当时认为重要的事情。而通过当场制定议程，你可以确保时间和精力不会浪费在与当下无关或者没有价值的事情上。然而，当场制定议程并不意味着不需要准备！一个准备充分的议程事项往往处理得更快、更顺利。

治理会议的议程是根据张力当场制定的。

在制定议程的过程中，引导员要记录下议程事项。治理会议关注的是有关圈子结构（Circle Structure）的张力，而不是有关圈子日常工作的张力。在治理会议的议程事项上，典型的张力包括对一个角色缺乏明确的期望，不知道它负责什么、不负责什么，或者不清楚哪个角色有权对某件事作出决定。别人是否认同某个人的张力并不重要。毕竟，每个人都是圈子里一台独特的传感器，你要充分利用每个人的能力来感知张力。此外，在制定议程时，没有必要解释张力；可以只用一两个关键词把它们添加到议程中。它们很快就会被一一处理。

有时，看上去把相关的议程事项合并起来处理似乎更有效。但在实践中，这往往会导致无休止的讨论，以及退让、妥协。正因为如此，如果几个人（几个传感器）感觉到类似的或相关的张力，它们会被分别添加到议程中，逐一得到处理。这就是说，同一议程事项可能会不止一次出现在议程上。

处理议程事项的顺序由引导员决定。公开讨论这个顺序一般不是一个好主意。相反，你应该把注意力放在一定时间内处理完所有的议程事项上（所以顺序并不重要）。有时你做不到这一点，尤其是在开始时，处理议程事项可能会花费很长时间。因为会议的结构是新的，大家都显得笨手笨脚。在这种情况下，引导员可以自由决定处理议程事项的顺序，无论有没有圈子成员的意见都可以。当记录下所有的张力，并确定了处理顺序后，你就可以往下走了。你将使用"综合决策流程"（Integrative Decision-making Process）中的步骤，一一处理议程事项（稍后详细介绍）。这个程序会一直持续进行，直到所有的议程事项都被处理完，或者你用完了会议时间。治理会议的最后 5 分钟被留出来用于结束环节。

结束环节

签到环节是为了让与会者在会议开始时全身心地投入，结束环节是为了让与会者在会议结束时有所反思。每个人都轮流分享他们对这次会议的简短感想，彼此不能回应。结束环节帮助圈子从会议中学到东西。此外，它还能帮助你放下会议中的内容，这样你就不必带着它到处走了。最后，以签到环节开始每次会议，以结束环节结束每次会议，会形成一个好习惯，对于建立开放和信任的氛围大有帮助！

在结束环节，每个人轮流分享自己对会议的简短反思，这样可以从会议中学到东西，并带着感悟离开会议。

正如你看到的那样，治理会议的结构非常简单。挑战不在于它的结构，而在于如何处理每一个议程事项。

提　案

尼尔疑惑地看着翻页板上的议程事项。约翰再次发言，他请利恩解释一下第一个议程事项。

利恩说道："我偶尔会写一些文章，放在公司的博客上，但这一工作并不在我们目前的角色中。另外，我总要把它们发给塔玛拉，她负责在网站上发表，但她经常没时间做这件事。每次我想更改一些内容都得去找她。对我来说，这似乎不是很有效率。"

约翰问她有什么建议可以解决这一张力。

"我建议为我们的博客创造一个新的角色。"

约翰在翻页板上写下了她的提案："新角色：博客管理员，负责……"他看着利恩，问道："你对这个新角色有什么期望？"

利恩想了一会儿，然后建议让博客管理员负责在网站上发布博客。"哦，还有定期更新，这应该也是他的责任。"

约翰写下来："发布和更新博客。"

"但是……"塔玛拉想说点什么，但约翰没有给她机会。

"等一下，塔玛拉，你稍后会有机会回应，我们现在要先听完提案。"

塔玛拉看起来很急躁。尼尔也有同感，因为他也不得不压制自己立即作出回应的冲动。约翰解释说，在提出问题和作出回应之前，每个人都要先理解提案，这很重要。尼尔可以看出，大家没听懂约翰的这句话。约翰也看出来了，解释说："我们先试试吧。在接下来的几个回合中，这一点会变得清晰起来。"

第 4 章　治理会议

索拉雅插话道："真有趣，但……"但她还没说完，就被约翰打断了。

"正如我以前说的那样，我必须非常严格地履行引导员的责任。我知道你们都喜欢让自己的想法自由发挥，但正如你们将看到的那样，这个会议比你们以前的会议都更有条理。"

索拉雅看起来有点挫败。约翰的态度缓和了些。

"好吧，我们先暂停一下。这是你们的第一次治理会议；我知道你们需要一些时间来适应。"他看着索拉雅，"你刚才想说什么？"

"你说的'回合'这个词让我想到了拳击比赛。"

"说得好！在某种程度上，我们做的事情与体育运动相似。你们是运动员，我是裁判员。为了确保你们打好比赛，我必须严格按规则来。"

威尔点了点头："没有什么比糟糕的裁判更糟糕的了。"

约翰示意暂停结束，并继续问道："关于这个提案，有什么问题需要澄清吗？"

"更方便的做法难道不是……"苏珊娜开口说道，但还没等她说完，又被约翰打断了。

"好吧！"苏珊娜不安地笑着，转向坐在她旁边的利恩。

约翰解释道："即使你在反问，我也能从这几个字中听出，你是想表达一种观点，而不是要求作出澄清。"

"你这话是什么意思？"

"你并不是真的要问问题，只是想分享一些关于这个提案的想法，不是吗？"

"嗯，确实如此。"

"这就是所谓的回应。回应提案是完全可以的，但不在澄清问题的环节进行。现在，我们要做的只是确保你们理解了这个提案。如果没有需要澄清的问题，我们就可以进入下一个环节了：回应环节。我希望听到你们对这个提案的回应。但我要一个一个地听，你们彼此之间不要进行任何讨论。"

大家的意见并不一致。他们中的一些人提出建议，认为这样做或者那样做会更好。尼尔注意到，在这种轮流发言的环境中，每个人都有要说的东西，而在过去，说话的主要是威尔、苏珊娜和他自己。显然，你必须给一些人思考的时间，或者要求他们回应，而不是等着他们主动说话。利恩一边听一边做笔记。约翰最后问利恩，根据她听到的回应，她是否想对自己的提案做任何改变或澄清。

"但要记住：这是在处理你的张力。所以，如果这些问题或回应，对于处理你的张力没有帮助的话，那你就不用管它。"

"所以，我不用对他们说的每句话都作出回应？"利恩看起来松了一口气。

"没错，你不需要，除非你想要那么做。"

利恩看向自己的笔记："有人问，谁来决定我们在博客上写些什么。我想也许我们应该加上这方面的内容。这个角色还应该负责为博客收集话题，然后决定哪些话题最有趣，需要进一步展开写后续文章。"

约翰在翻页板上写下了第二个责任："为博客收集话题，并按优先顺序排序。"

"就像这样？"

利恩点点头表示同意。

第4章 治理会议

约翰继续说道:"好了,伙计们,现在我们要看看这个提案是否会被采纳。我们将在反对环节做这件事。"

尼尔叹了口气,暗暗想:"还有一个环节?我们到底什么时候才能作出最终的决定?"

反 对

尼尔又看了看翻页板,约翰在上面写着——

角色

新角色:博客管理员

职责:根据品牌的指导方针发布和更新博客

他看了一下手表,转向约翰说:"约翰,这个提案已经很清楚了,真的有必要进入反对环节吗?"

约翰看着尼尔,示意暂停一下。"是的,确实有必要。事实上,这一环节至关重要。我能理解你觉得这一切很慢,但每个环节都有它的意义。"

"如果不需要,为什么不跳过这一环节呢?只要理解了,就可以加快速度,不是吗?"

约翰向前迈了一步。"我知道你的思考方法,但那是一个巨大的陷阱。你可能会想,好吧,我们可以按自己的方式去做,但不等你意识到问题,原来的旧习惯又会卷土重来,你又回到了起点。你会犯的最大错误就是走捷径。在我实践合弄制这么多年之后,我仍然会让这个程序来完成这件事。"

尼尔靠在椅子上,沉默了。

约翰继续说道:"好了,暂停结束!让我们回到反对环节。

所谓反对意见是指，要提出一条具体的理由，证明这个提案会造成伤害或使我们后退。例如，它会产生新的张力，或者它损害了另一个角色完成工作的能力。"

塔玛拉问道："但如果我只是觉得这不是一个好主意呢？这也算一个反对意见吗？"

约翰回答道："不，这句话本身不是一个有效的反对意见。我需要听到一个具体的理由。"

房间里太安静了，尼尔突然能听到下面街道上汽车的声音。

他又看了看翻页板，想了想自己的角色，试图想出提案中是否有什么东西会造成伤害……不，他想不出任何东西。

约翰开始一个人一个人地问。"那么，反对还是不反对？"他们一个接一个地说"不反对"，直到约翰问到苏珊娜，"苏珊娜，反对还是不反对？"

"我在想，如果把这个角色加到利恩现在担任的文案角色上，会不会更容易一些？"

"这是这个提案会造成伤害的理由吗？还是……"

约翰在说第二句话之前停顿了一会儿。

"你真的认为在利恩现有的角色上增加这个角色，是一个好主意吗？"

苏珊娜点点头。"反正利恩已经在做这件事了，为什么还要创造一个新的角色呢？"

约翰抿了抿嘴唇，专注地看着苏珊娜："虽然我明白你的意思，但你刚刚告诉我，你说的不是一个有效的反对意见。"

苏珊娜的脸红了，她大声说："为什么不是？"

约翰示意再次暂停。"因为你没有告诉我们这个提案会造成

第4章 治理会议

伤害的理由。我们在这里寻找的不是最佳方案，我们在这里寻找的是一个最简单的，既能解决利恩的张力，又不会产生任何新张力的方案。因此，一个更好的想法并不是一个有效的反对意见。所以，让我们回到这个话题上来：苏珊娜，反对还是不反对？"

苏珊娜叹了口气："不反对。"

约翰示意暂停结束，继续讨论。他转向塔玛拉："你能看到这个提案会造成什么伤害吗？"

塔玛拉犹豫了一下，说道："我还真看到了。"

约翰问道："那是什么？"

"嗯，我不知道这算不算伤害，但目前品牌的指导方针已经过时了。因此，如果我们通过这个提案，那么可能反而会损害品牌的形象。"

约翰不断问问题，就像他对苏珊娜做的那样。不过这次，这条反对意见是有效的。他把它写在了翻页板上。

"尼尔，你是最后一个人。如果一直没有反对意见，这个提案就会通过。然而，由于出现了一个反对意见，我们将进入下一个环节：整合环节。让我们看看，如何把塔玛拉的反对意见整合进提案。这个环节是开放的，所有人都可以提供帮助。"

"你是说我们终于可以讨论了？"苏珊娜问道。

"与其说这是一场讨论，不如说是帮助利恩和塔玛拉想一个可行的提案。不过，是的，你们可以自由地加入对话了。然而，一旦我认为出现了一个可行的提案，我们就会回到反对环节。塔玛拉，你对如何把你的反对意见整合进提案有什么想法吗？"

塔玛拉回答道："嗯，我认为应该有人定期更新品牌的指导方针。"

尼尔点点头:"是的,这是我的角色要做的事,我可以做这件事。"

约翰说:"你指的是,你担任的品牌经理的角色可以做这件事?"

尼尔说:"是的。"

约翰对塔玛拉说:"那么,你愿意明确地期望品牌经理这个角色做这件事吗?"

塔玛拉有点不安地说:"嗯,事实上,是的。"

"那么,你会给这个角色增加什么责任呢?"

"比如:更新品牌的指导方针?"

塔玛拉一边说,约翰一边把它写在了翻页板上。

尼尔说:"好吧,现在轮到你们这些人来决定我的角色应该做什么了。"

"是的,这就是治理会议要做的事情。"

"嗯。"

约翰转向利恩:"这能解决你最初的张力吗?"

"我想是的。"

接着,约翰基于修改后的提案继续进行了一轮反对环节。这次没有反对意见。

"太好了!"约翰总结道,"现在这个提案已经通过了。我们已经创建了一个新的角色,并对另一个角色进行了调整。尼尔,现在作为引导链接,由你来分配这个新角色。"

尼尔松了一口气:"我想我开始有些明白了。"

4.3 综合决策流程

第一次治理会议通常不会太愉快。我们现在又进入哪个环节了？我现在能说话了吗？通常你说不了话，如果你说了，引导员马上会打断你。而且就像尼尔一样，你也可能怀疑这些环节和严格的规则是否真的有必要。我们就不能正常地讨论吗？大家都是成年人，对不对？

整合不同的视角

一群人一起作出一个好的决定并不容易。通常情况下，由于团队中的其他人有不同的观点，人们很容易忽略或不去理会重要的视角。结果就是，你可能失去有价值的信息，对决策质量产生负面的影响。与此同时，整合所有的视角可能会花费大量时间，并可能导致退让和妥协。治理会议中的综合决策流程会让我们听到每个人的声音，然后快速有效地将相关视角整合到一个可行的决策当中。如果一项提案造成了伤害，也就是说它造成了一个或多个新的张力，那么它就是不可行的。这些张力就是反对这个提案的理由。只有当这些反对意见被整合到这个提案中，形成一个可行的提案后，这个提案才会获得通过。

综合决策流程让我们听到每个人的声音，并将相关视角迅速有效地整合到一个可行的决策当中。

治理会议实际上是针对圈子里的职责和权限定期召开的一个会议。在治理会议中建立并调整的角色，会定义一个空间；在这个空间中，这个角色可以自主地完成工作。可以说，站在你的角色角度，你就是一个企业家，有完全的自主权决定如何工作。在治理会议中，角色的权限和空间会根据张力不断进行调整。

综合决策流程的作用

综合决策流程的步骤是：
- 提出提案；
- 澄清问题；
- 回应环节；
- 修改及澄清；
- 反对环节；
- 整合环节；
- （如果有必要，进行新一轮的反对环节）。

当你在会议议程中添加了一个张力，你就成为这个议程事项的"提出者"。然后，你有机会提出一个可以解决或缓解这个张力的提案。其他人可以提出需要澄清的问题，并给出回应。但你唯一需要处理的是你的张力。你不必担心其他人的张力——如果他们有任何张力，他们同样可以把它添加到议程中，这样他们就可以提出自己的提案了。整个综合决策流程都围绕着张力的提出者展开——这不是小组讨论。在第一步，作为张力的提出者，你需要提出一个提案。这个提案是否经过深思熟虑，是否巧妙，甚至是否完整都不重要。重要的是，这是一个起点，综合决策流程将完成剩下的事情。

作为张力的"提出者"，你要做的就是提出一个初始提案。综合决策流程将完成剩下的事情。

先理解再回应

有的时候，人们会提出一个考虑周详的提案——要建立一个新角色，这个角色要有许多责任；还有的时候，有些人可能已经感觉到了张力，但还没有准备好提案。在这种情况下，只要把"我的提案是……"这句话说完就可以了。张力的提出者是此时唯一能说这句话的人。团队的其他成员只能听取这个提案。

一旦有了提案，你就进入了下一步：澄清问题。在这一步，每个人都有机会提问，以帮助他们更好地理解提案。像"难道你不认为……"或者"如果……不是更好吗"这样的句子都是伪装成问题的回应，它们不是为了澄清问题。如果每个人都对自己还没有完全理解的事情发表看法，参会者很快就会陷入一场没有重点的讨论当中。因此，引导员要立即将这些回应扼杀在萌芽状态。

议程事项的提出者可以回答这些需要澄清的问题，也可以回答"我不知道"或者"提案中尚未明确"。提案者不需要说服其他人或者为提案辩护。

如果没有其他需要澄清的问题，那就进入回应环节。在这个环节中，圈子里的每个成员都有机会轮流对提案作出回应，一次一个人。在前面的环节中，你的主要目标是理解提案，而现在你有机会表达自己的看法了。你认为这是一个好的提案吗？它缺失了什么东西吗？你想告诉提案的提出者什么信息？回应环节可以在短时间内把有关提案的大量信息放在桌面上。重要的是要知道，提案者没有义务对这些回应做任何事。没有必要说服别人或寻求共识。你唯一要寻找的是一个可行的提案，可以解决或缓解提案者的张力。

提出提案之后，首先是澄清问题，然后是回应环节。

在我们进入反对环节之前，提案者有机会在最后一刻修改提案或澄清某些内容（修改及澄清）。这些一般是简单的修改或简短的澄清，通常是澄清问题或回应环节中得到的信息引起的结果。引导员要确保任何讨论都被扼杀在萌芽状态；这里唯一可以发言的就是提案者。

反对还是不反对？

实际的决定是在反对环节作出的。既然已经清楚了这个提案的内容以及每个人对它的看法，现在是时候评估它是否足够安全，可以一试了。引导员会问："你是否看到了一个证明这个提案会造成伤害或使我们后退的具体理由？"其他人则回答"反对"或"不反对"（同样，还是轮流回答，一次一个人）。如果没有人反对，提案就会获得通过。如果有反对意见，那么就要通过最后一个整合环节修改提案，把这些反对意见整合到提案中，然后再进行一轮反对环节。根据定义，反对意见是指一个具体的理由，证明为什么这个提案不可行，或者更具体地说，为什么它会造成伤害或造成后退。这意味着如果这个提案通过，会引起新的张力。然而，并不是每个反对意见都是有效的，因此引导员可能会问一些问题，来测试反对意见的有效性。

反对意见是指一个证明这个提案不可行的具体理由；如果没有反对意见，提案就会获得通过。

引导员问的第一个也是最重要的一个测试问题是："提案会如何造成伤害？"你可能有很多关于如何改进提案的想法，但这不是这里的问题！如果这个提案对某个角色、对圈子或整个组织造成了伤害，那么它就是"不可行的"。因此，"这个提案不会起作用"和"我有一个更好的主意"一样，不是一个有效的反对意见（因为这不是这个提案会造成伤害的理由）。

引导员用来测试反对意见的第二个问题是："你的担忧是由这个提案直接引起的吗？"如果无论有没有这个提案，你说的那个张力都存在，那么这就不是一个有效的反对意见。如果这都能当成反对意见的话，那么你就可以重复使用同一个（已经存在的）张力来反对任何提案了。你这样做会阻止圈子向前发展并解决其他张力。

第三个问题，引导员可以询问反对意见是否有数据支持。如果没有，那它只是对未来可能发生的事情的恐惧或预测。大多数情况下，如果知道你可以在前进过程中重新审视和调整决定，就足以跳过围绕着"可能会发生什么"的长时间讨论了！

最后，引导员可以询问反对者，他担任的哪个角色受到了提案的伤害。这个问题可以过滤掉那些从其他角色或整个圈子的角度出发，提出来的反对意见。如果有必要，担任那些角色的人，更适合从他们自己角色的角度提出反对意见。

这些测试问题的目的不是让人无法提出反对意见，而是要把注意力坚定地集中在作出可行的决定，一次一个地解决真正的张力上。反对环节的关键问题是，"它会造成任何伤害吗"以及"它足够安全可以一试吗"。如果有必要，你总是可以在下次的治理会议上，根据真实的数据和实际的张力提出进一步的改进意见，而不是在这次会议上，根据意见和预测提出反对意见！

只有在这些情况下，反对意见才是有效的：

1. 列举出这个提案会造成伤害或使我们后退的一个具体理由；
2. 这种伤害和后退是采纳这个提案后的直接结果；
3. 这个反对意见是基于已知的数据的；
4. 它限制了反对者的一个角色的功能。

将反对意见整合进提案，形成一个可行的提案

如果有人提出了一个有效的反对意见，那么秘书应该尽可能地把它详细记录下来。在这个环节当中，没有必要（甚至不允许）提出解决方案。反对环节只是找到并记录下有效的反对意见。如果没有反对意见，那么这个提案获得通过，并作出决议。如果在一个反对环节后，出现一个或多个反对意见，那么就将进入整合环节。

在整合环节中，每次处理一个反对意见。你要看看如何修改提案，把这个反对意见整合到其中，从而不再引起这个反对意见。没有人可以"阻止"一项提案，你能做的就是提供信息，帮助大家把这个反对意见整合到提案当中。整合环节是综合决策流程中引导员唯一允许大家公开讨论的环节。这样做的目的是修改提案，不再引起反对意见。

这里的基本假设是，在每一个反对意见背后，都有一个需要整合的重要视角。每一个反对意见都要被审视，以便找到方法来修改提案，确保它足够安全，可以一试。在这个环节中，反对者和提案者占据中心位置，其他人为他们提供帮助。这里的重点不是为提案辩解或者说服他人，重点是达成一个可行的决定，这个决定足够安全，可以一试。因为我们知道，随着新的张力出现，我们总能修改这个决定。

一旦引导员意识到可能出现了一个可行的提案，他就会询问反对者修改后的提案是否解决了他的反对意见，并询问提案者，修改后的提案是否解决了他一开始提出的那个张力。如果都解决了，那么就会针对修订后的提案进行新一轮的反对环节。

理论上，这可能会来回循环好几次，但在实践中，几乎所有的提案都足够安全，可以立即尝试，或者经过一个整合环节后立即尝试！

整合环节的目的是修改提案，使其不再引起反对意见。

你必须摒弃旧习惯，学习新习惯，才能掌握综合决策流程。这通常需要至少几次（令人沮丧的）治理会议。但一旦掌握了窍门，它很快就会成为你的第二天性。从此之后，每当你参加一个"常规"的会议，都会意识到自己学到了多少东西：从一个提案开始，在作出回应之前，提出需要澄清的问题，把个人意见从基于角色的决策程序中分离出来，要求大家提出反对意见，而不是无休止地寻求共识。当你以全新的眼光看待传统的决策过程，发现它是多么无效时，你会好奇大多数团队以及组织是如何作出任何决定的！

4.4　引导员和秘书

每个圈子都有一些默认角色，协助圈子正常运转。治理会议中的主要角色是引导员和秘书。引导员主持会议，秘书记录会议作出的决定。引导员这个角色最重要的职责是执行会议结构和会议规则。一开始，引导员可能很难做好这件事，他们更有可能从自己担任的其他角色的角度参与会议。也正因为如此，在实施合弄制的早期阶段，请圈子外的人（熟悉规则并且与圈子的日常工作有一定距离的人）来担任引导员会更有帮助。

引导员

正如我们已经看到的那样，引导员会以签到环节开始会议，然后根据张力制定会议议程。然后根据综合决策流程，逐一处理各个张力。如果没有反对意见，提案即获通过，并由秘书记录下来。治理会议的最后是结束环节。通过严格地遵循会议结构，圈子在引导员的帮助下，可以针对自己的组织结构作出有效的决策。引导员引导与会者完成会议的各个环节，对每个环节要做什么事情给出明确的指示。通过问一些特定的问题（例如：“谁有什么问题需要澄清吗”或者"你对这个提案有什么回应"），一个称职的引导员可以确保会议走在正确的轨道上，并让与会者感到轻松、顺利（当然，这需要经过一些练习）。

引导员执行治理会议的结构及规则,帮助圈子有效地作出决策。

引导员最困难也是最重要的一项任务,就是一旦有人违反规则,要立即打断他们。如果引导员不能立即做到这一点,就会为混乱、无休止的讨论和权力斗争打开大门,而这些正是这种会议结构要防止的事情。显然,在这件事上,每个引导员都要找到适合自己的方法,但如果一个引导员不能或不愿意在必要时介入,并打断别人的谈话(通常会在一开始这样,在后面偶尔也会这样),你们的圈子就不会取得太大成功。

有效输出

在综合决策流程的各个环节和顺序中,包含了很多智慧。在许多情况下,引导员可以放手让程序自己完成工作。但引导员也可以偶尔介入,提出一个需要澄清的问题,提供一个有帮助的回应,甚至是一个反对意见。事实上,综合决策流程是一种强大的模式化的方法,你可以使用这种方法帮助别人解决他们的张力。引导员经常提出的一个反对意见是,"这是治理会议上的无效输出"。你可以提出任何提案(只要它背后有真正的张力),但在你进入反对环节时,提案必须符合一个特定的格式,才被认为是有效的、可以通过的提案。你可以说,综合决策流程就像一台灌香肠的机器:任何东西都可以放进去,但出来的只有香肠。

治理会议有三种类型的有效输出(也就是"香肠"):
- 角色和职责(创建新的角色或调整现有的角色);

第 4 章　治理会议

- 政策（创建新的政策或修改现有的政策）；
- 选举（选举角色）。

如果进入反对环节的是一个不同格式的提案，那么它就不是一个有效的输出（至少在目前不是）。在提出"治理会议的无效输出"这个反对意见后，你可以在整合环节对这个提案进行修改，直到形成一个有效的、可行的提案。如果在下一轮反对环节中，没有人再提出反对意见，那么这个提案将获得通过。

尽管可以提出任何提案，但只有（创建或修改）角色、政策，或者选举才是治理会议的有效输出。

治理会议最常见的（有效）输出是一个承担了很多职责的角色。一个角色通常由一个或多个职责组成，所有职责的描述都以动词开头（例如，"维护网站"）。

治理会议的另一个输出是政策，也就是以某种方式在圈子里授予或限制权限的策略。这样的政策可以是关于任何事情的。例如，它可以制定一个要求网站更新时需要遵守的格式，报销差旅费的规则，或者限制作出某些决策，比如与外部公司签订合同。你可以把它看作圈子里的成员一致同意的，在处理某些特定事情时要遵守的基本规则。

治理会议上的第三种有效输出是选举。在选举中，圈子选出他们认为最适合担任某个选举角色（例如，引导员或秘书）的人。这里使用的是综合选举程序（稍后会详细介绍）。

最后，这三类治理会议的有效输出只在针对你自己的圈子时才有效。你不能为另一个圈子创建角色或政策，因为这会侵犯他们的自主权。当然，在合弄制中有处理与其他圈子相关张力的方法，不过这是我们稍后要涉及的话题。

有效的反对意见

圈子中的任何成员都可以在治理会议上提出提案。此外，任何人都可以针对一项提案提出一个或多个反对意见。反对意见必须符合以下所有标准，才是有效的：

1. 它是一个证明这个提案会造成伤害或使我们后退的具体理由；
2. 采纳这个提案后，会直接产生一个新的张力；
3. 反对意见是基于目前已知数据的；
4. 它限制了提出反对意见的人担任的某个角色的功能。

反对意见必须符合所有 4 个（注意！）标准，才是一个有效的反对意见。这个反对意见要由秘书记录下来。

你可能好奇为什么在合弄制中，对一个提案提出反对意见这么困难。这里有两个原因。首先，这些标准降低了决策的门槛。一个"可行的"决策比试图预测完所有事情再做决策要快得多。我们往往没有意识到这一点，但对于许多决定，我们倾向于追求"尽善尽美"，而不是"暂时可行"。有了"暂时可行"的决策，你就可以先去尝试，然后根据实际经验再做调整。其次，这些判断标准可以确保反对意见是基于真实的张力提出的。我们很容易就能想象到，针对每一项提案都会出现各种各样的反对意见和障碍。其中有一些反对意见代表了一个你没有注意到的视角，需要整合到你的提案中，形成一个可行的提案。但有很多其他的反对意见主要是基于意见和偏好（"应该如此"），或者担忧和预测（"可能如此"）。只要没有真实的数据表明它会造成新的张力，那我们更好的选择就是作出一个可行的决定。你可以把这个决定拿到现实中接受检验，而不是在预测未来中犹豫不决。

引导员要测试反对意见的有效性，要把注意力坚定地集中在应对真正的张力以及作出可行的决策上。

这是引导员要注意的最重要的一件事。在每一次会议上，总有想象力占上风的时候，总有恐惧开始出现的时候。人们总有一种倾向，试图根据一切可能发生的事情完善提案，达到尽善尽美的程度。然而，无论何时发生这种情况，引导员都要介入，并将大家的注意力集中到要处理的张力以及可行的决策上。引导员可以使用一些"惯用语"做到这一点：

- 张力是什么？
- 足够安全，可以一试吗？
- 如何让它变成可行的？
- 你有什么数据支持吗？（比如，过去的经验等）

如果反对意见被证明是有效的，就应该把它尽可能详细地记录下来。这样会更容易把它整合到提案中，形成一个可行的提案。当所有人都回答了"反对还是不反对"这个问题后，反对环节就结束了。如果没有反对意见，这个提案就获得通过；如果有反对意见，那么就要进行最后一个环节：整合环节。整合环节的目的是修改提案，使它不再引起反对意见，之后会有另一轮反对环节来实际测试这一点。在整合环节中，我们欢迎所有人都参与到讨论中并提供帮助，但主动权掌握在提案者和反对者手中。你要确保一次只整合一个反对意见，而不是一次整合所有的反对意见，因为这通常会导致大家寻求共识，并追求完美。引导员要确保修改后的提案仍然能解决提案者最初的张力；毕竟，这正是这个提案的全部意义！

秘书

在一些会议上，人们习惯记录的不仅是行动和作出的决定，还有导致这些行动和决定的讨论过程。对于治理会议，只记录最终决定就足够了。这就是秘书的职责。在治理会议期间，秘书负责跟踪提案的当前版本。在会议过程中，引导员可以随时要求秘书宣读提案的当前版本。这样你就能知道，你是在针对哪个提案提出需要澄清的问题、作出回应，或者提出反对意见的。有了一个好秘书，引导员就可以把注意力完全集中在会议进程上。在会议结束时，秘书负责更新文档，概括圈子的角色和职责以及各种政策。秘书还负责定期安排圈子的治理会议和战术会议。

秘书负责记录会议的决定，更新圈子的角色和政策概况，并安排圈子的会议日程。

第4章 治理会议

提 名

"在我们继续选举引导员和秘书之前,大家先休息一下。这是你们应得的。"

人们散开了,但尼尔在咖啡机前拦住了威尔。

"你觉得怎么样?这是些完全不同的东西,不是吗?"

"是的,绝对不同。你对下面的选举有什么看法?"

"嗯,我想你会是一个优秀的引导员的。"

威尔抿了一口咖啡,说:"我不知道。我真的无法想象自己会像约翰那样严格。"

"但你肯定比我更适合做引导员。"尼尔笑着说。

"好了,各位,我们接着开会吧。"约翰喊道。他们都回到了自己的座位上。约翰站在大家面前,拿着便利贴当选票解释选举程序。有人发出了几声窃笑。

"哦,太激动了!这让我想起了选举舞会皇后!"利恩说。

她的评论引起了一些笑声。

约翰笑了笑,接着说:"但是说真的……选举舞会皇后是个很好的反例,因为我们不能这么做。这次选举的目的不是选出最受欢迎的人,而是选出最适合担任某个角色的人。我们将从选举引导员开始。"

约翰简短地解释了引导员这个角色的职责。每个人都在选票上写了一个名字。现在气氛变得严肃起来。约翰把每个人的选票收集上来,然后坐下来,把那沓便利贴放在面前。接着,他拿起最上面的一张读道:

"尼尔提名威尔。"

接着,他请尼尔解释一下提名的原因。

尼尔说:"威尔很有经验,而且他是我们当中对业务最熟悉的人。另外,我认为他很擅长在辩论中说服别人。"

威尔看起来很不自在。约翰拿起下一张便利贴,读道:

"塔玛拉提名索拉雅。"

塔玛拉解释道:"我认为她是我们团队中最有条理的人。尽管她的职位可能不高,但我认为她具备成为一个引导员的素质。"

在塔玛拉之后,苏珊娜和威尔也都提名了索拉雅。唯一提名苏珊娜的是利恩。

约翰对大家说:"在听了每个人的意见后,如果你们愿意,可以改变你们的提名。这完全是自由的。如果你认为其他人更适合担任引导员的角色,就改变你的提名。有人吗?"

利恩说,她想把她的提名改为索拉雅。

"好吧,所以很明显,索拉雅获得了大多数的提名。"约翰看着索拉雅,她在大家的注视下似乎有点脸红。

"所以我提议索拉雅担任引导员这一选举角色。"

尼尔觉得这一切进展得太快了。他想知道这是不是就是最终的结论。

约翰注意到他脸上疑惑的表情,看着他说:"让我们看看这个决定是否可行。就像我们前面做的事情一样,我们要进行一轮反对环节。"

约翰解释说,在这个环节中,要对选举提案提出反对意见。他一个接一个地轮流询问,直到尼尔。

第 4 章 治理会议

"尼尔,你反对还是不反对?"

尼尔没说话。

"尼尔?"

"反对。"

有那么一会儿,会议室里很安静。接着约翰问道:"尼尔,你能解释一下反对的理由吗?"

"这不是针对个人啊,我只是觉得我们需要更有经验的人来担任这个角色。索拉雅来这个团队时间还不长,所以我怀疑她是否有足够的经验管住我们这些人。"尼尔说这些话的时候,尽量不去看索拉雅。

"别忘了,我们总是可以通过重新选举来改变这个决定的。你提出的理由是要说,这个提案不够安全,所以不能尝试吗?"

尼尔的脸红了:"我不知道……不,我想,我没有反对意见。"

约翰结束了这个环节。没有人再提出反对意见,包括索拉雅。但是,她确实有个问题要问:"等一下。这意味着你不会再做引导员了,是吗?"

"不,绝对不是,"约翰告诉她,"在接下来的几周里,我将继续做引导员,并教给你如何最好地承担这个角色。稍加练习,你就会发现你不再需要我的指导,可以接手了。"

* * *

索拉雅当选为引导员后,威尔当选为圈子的秘书。没有人提出反对意见,团队甚至开始享受选举过程。尼尔不知道该怎么看待这一切。他对于办公室政治有自己的经验,他知道怎以一种巧妙的方式让他的候选人选上。但这次约翰处理选举的方式完全出乎他的意料。并不是说他对约翰没有信心,但是他走了以后会发生什么事呢?他究竟应该在这些事情上耍更多的手腕,还是应该相信他的团队?

会议的最后一个环节是结束环节。约翰解释说,这个环节的目的是反思并结束会议。他请苏珊娜第一个说。

"说实话,这么开会让我很不舒服。我喜欢辩论。但现在我几乎什么都不敢说了。我在想这个会议的规则是不是太严格了。在我看来,它让会议失去了所有的活力。虽然这样做可能更有效率。"她以一种讽刺的语气结束了她的发言。

威尔第二个说:"不得不说,我觉得这么开会真的很棒!我喜欢它的结构。刚开始的时候确实有点慢,但当我看到大家作出的决策质量时,就觉得我们做得很好!"

轮到塔玛拉的时候,她停下来思考了一会儿。

"说实话,当你打断别人说话的时候,我觉得很恼火。我是一个什么都憋不住的人……我不确定我是否能改变这一点。"

接下来是利恩,她说:"通过处理我的提案,我非常清楚我的角色了。在之前的培训课上,我们学到了什么是初始角色,但那些对我来说有点太理论化了。但在这次会议上,我真的觉得我的角色活了起来。"

索拉雅等到利恩说完,接着说:"对我来说,真正让我大开眼界的是,澄清问题和回应环节之间的区别。你很容易就会在错误的环节发表自己的看法。我认为这会是一个挑战。"

尼尔听了大家的评论,他对结束环节人们不同的反思感到惊讶。他原以为团队会表现出更大的抗拒。约翰看着他,因为

第 4 章 治理会议

他是这个环节中最后一个要发言的人。

"说实话,我在接受这件事上遇到了一些麻烦。我习惯了主持会议,主导一切,但现在我的角色完全不同了。我有时感觉这个会议流程没完没了;这让我很不耐烦,我只想快点结束这一切。但是在听了你们结束环节的发言,以及看到我们作出的决策后,我对结果还是很满意的,特别是,这还是我们的第一次治理会议。就像利恩一样,我也觉得通过这次会议,我对我们的角色更加了解了,这让我对继续按照这个流程走下去充满了信心。"

4.5 综合选举程序

除了由上一级圈子指定的引导链接外，合弄制中的默认角色都是由选举产生的。这些选举的目的是找到最适合担任某个角色的人。这与这个人是否是受欢迎无关，而是与意见交流有关：谁最胜任这个角色？为什么？综合选举程序包括以下步骤：
- 引导员介绍角色；
- 填写选票；
- 提名；
- 变更提名；
- 提出提案；
- 反对环节；
- （如果有必要），整合环节（随后是新一轮的反对环节）。

"塔玛拉提名索拉雅"

引导员介绍角色以及任期。例如，秘书角色的任期可能是6个月。任何人都可以在任何时候要求重新选举，但如果没有人这样做，那么在一个任期结束后，会自动开始下一个任期。

当每个人都了解了对选举角色的期望后，圈子里的每个成员开始填写选票。选票可以写在便笺或便利贴上，要写上自己的名字和要提名的人的名字（例如，"塔玛拉提名索拉雅"）。

投票环节的目的是在大家没有相互影响的情况下收集提名。

引导员要确保没有讨论，并收集提名。

综合选举程序的目的是找到最适合担任某个角色的人。

接下来，引导员会读出每一张选票，并要求投票人做一个简短的解释：为什么你认为这个人最适合担任这个角色。在这个环节不允许讨论，但在这一环节结束时，每个人都有机会更改他们的提名——如果他们有这个意愿的话。最后，引导员会根据提名数提名一个人选。如果有几个人提名数相同，那么由引导员来选择。提交人选后，选举程序将遵循"标准的"综合决策流程的最后两步进行：反对环节，整合环节（如果有任何有效的反对意见的话）。或者，如果有人反对，引导员可以不整合反对意见，而是直接放弃这个人选，同时提议提名数第二多的人担任这个角色。如果没有反对意见，被提名人将被选出，直到有人要求再次选举为止（在治理会议上，任何人在任何时候都可以对此提出张力），或者直到任期结束。

最适合担任这个角色的人

这些选举的目的就是在圈子中选出最适合担任秘书、引导员和代表链接（与引导链接一起构成与上一级圈子之间的双重链接——我们将在后文看到这是如何工作的）这三个默认角色的人。综合选举程序一个很好的副作用就是，被选中的人可以清楚地听到圈子里的人为什么认为他最适合这个角色——这在大多数团队中很少被明确地谈论！

综合选举程序是一个结构化的流程，目的是寻找最适合担任某个角色的人。

圈子里的所有其他角色都是由引导链接分配的。记住，就像合弄制中的所有东西一样，这只是一个默认值和一个起点。如果有人对如何分配角色感到了张力，他们也可以在治理会议上提出如何修改的提案。例如，可以制定一项政策，规定引导链接只有在公开的讨论区中（例如，一次会议上）陈述他们分配角色的意图后，才能分配角色，并允许圈子成员对角色分配给予回应；或者创建一个新的角色，与引导链接这个角色分开。不管你怎么做，只要能解决张力就行！

第 5 章

胜任角色

第 5 章 胜任角色

差 距

为了筹备北美的市场推广活动,尼尔和威尔、塔玛拉还有苏珊娜开了个会。到目前为止,准备工作主要集中在市场调研和测试上。拉凯什曾经问过尼尔,他的团队打算怎么整合电视和网络媒体。威尔和塔玛拉在激烈地辩论,而苏珊娜在低头用手机发短信。尼尔提高了声音,说:"好了,请大家集中注意力!苏珊娜,你能告诉我们你现在的进展情况吗?"

苏珊娜抬起头,很不情愿地放下手机。她告诉大家,广告公司已经提出了一个电视广告的方案,他们的创意团队正在制作当中。她希望下周能看到最初的创意样稿。

塔玛拉很生气:"你已经让他们制作了?从上次的治理会议中,我得到的信息是,你会负责制定一个综合性的市场推广策略,包括线上策略。"

"哦,我没有发给过你吗?"

"没有,我没有见到过任何东西。"

"哦,抱歉,我以为我发给你了。但不管怎么说,就我所知,这个方案还不错。"

尼尔叹了一口气:"我们要是再这么做事,永远也没法儿推出一场整合了所有媒体的市场活动。"他意识到整合媒体是苏珊娜的角色要做的事,已经不再是他的了。但他感觉被困住了,因为要向拉凯什汇报团队进度的人是他。

苏珊娜没理他:"我做过数百次市场推广活动,我当然知道如何组织一次活动!"

尼尔疲惫地答道："苏珊娜，这里没有人质疑你的专业能力。我们说的不是这个。在上周的治理会议上，我们达成了一些共识，而你似乎忘记了。"

"如何完成我的工作由我自己决定！这难道不是约翰说的吗？"

尼尔什么也没说。他不知道该如何回应。

威尔说："我明白苏珊娜的意思。我们必须向前看。"

尼尔看起来很生气："是的，但我们也在寻找一种方法，让大家更加协调一致地工作。而我看到的是，很多简单的事情没有人做，或者被忘掉了。"

他转向威尔："比如，我还没有看到圈子秘书发出的合弄制战术会议的邀请。"

威尔脸红了，眼睛看向别处："我知道，我本来是打算发的，但一直没抽出时间。我最近忙疯了，这只是其中的一件事。"

"拜托，威尔，发个会议邀请需要多长时间？"

威尔沉默了。尼尔深深地吸了一口气。治理会议上那种清晰的感觉，似乎比以往任何时候都要遥远。

* * *

尼尔走回了办公桌。他对很多事都无能为力。如果每个人在自己的角色中都能自主地做决定，那么每个人都可以做自己想做的事了。这样下去，情况会不会比以前更糟？这当然不行！在这些角色与实际发生的事情之间仍然有很大的差距。在花了那么多的精力定义了角色之后，如果它们不能有效地应用到日常工作中去，那还有什么意义？威尔说得有道理，他们都非常

第 5 章　胜任角色

忙。现在是做这个实验的好时机吗?

在第二天和约翰会面谈论团队进展时,他仍然耿耿于怀。

"这样做行不通,约翰。"

"你这话是什么意思?"

尼尔把昨天在活动筹备会上发生的事情和盘托出:"什么都没改变。这不就是新瓶装旧酒吗?"

这个比喻把约翰逗笑了。

尼尔生气了:"这一点儿都不好笑!"

"是的,我知道。但请相信我,这不是我第一次听到这样的话了。而且我认为我能理解你现在的感受。"

"有些办法没有起作用。如果每个人都在自己的角色中自主行动,那就会一团糟!他们甚至都忘了发出会议邀请。难道我们不应该更实际一点吗?比如帮助每个人进行时间管理?"

"尼尔,你最好习惯这一点。角色拥有真正的自主权。刚开始总是有点吓人,但真的是这样。当你担任一个角色时,你基本上可以做任何你想做的决定……"

"什么?!"

"……只要它有助于履行这个角色的职责就行。"

"那么,我们如何确保这些人真的完成了自己的工作呢?"

"帮助他们在自己的角色中更好地自我管理。"

"然后他们就可以想做什么就做什么了。"

"不,不完全是。事实上,在自己的角色中拥有自主权只是事情的一部分。责任也伴随着自由而来。"

"责任。这个词到底是什么意思?每个人都有责任。"

"没错,但在合弄制中,责任被描述得非常清晰。"

约翰解释说，担任一个角色需要履行 5 个基本责任。尼尔认真听他介绍了一遍。

"是的，这些描述确实很清晰。这让我想起了 GTD 无压工作法。但我的问题依然没有解决。这将如何帮助我们协调一致地行动呢？"

"这确实和 GTD 无压工作法有一些相似之处，但我们在这里谈的是，为了在你的角色中和别人合作，你可以清晰地知道你们彼此的期望是什么。如果你在一支足球队里，你会期望你的队友能够接到球，把球传出去，并且知道自己的位置在哪里。"

"好吧，我明白了。但你如何确保这一切真的可以发生呢？"

"你们要确保彼此都能承担各自的职责，共同养成一些重要的习惯。说到底，如果你不承担这些基本责任，就无法真正胜任一个角色。因为一切都变得非常透明，根本无处可藏。"

尼尔似乎松了一口气。"最后这几句话对我来讲真是好消息。我们可以马上着手这件事吗？"

"下一步我会解释担任一个角色要履行的基本责任。这次培训课的名字就叫'胜任你的角色'。星期五上午怎么样？"

第 5 章 胜任角色

5.1 担任角色

尼尔有点灰心丧气。"角色和职责"听起来是个好主意，但如果不能把它们用在实践中，那就什么都不会改变！在当前这个时间点上，"角色"仍然是理论上的概念。你如何把大家对角色的约定真正应用在日常工作中，促成转变？你如何摆脱两个"平行宇宙"间的纠缠，让理论中的"角色"回到现实世界？

没有张力就没有燃料！

没有什么比你知道一件事没有起作用，却有人告诉你它"应该"起作用时，更令人灰心丧气的了。合弄制没有冗长的理论讨论，它关注的就是张力。如果没有张力，那么就没有必要长时间地讨论或提出修改提案了。事实上，引导员在合弄制的战术会议和治理会议上坚定执行的就是这一点。然而，要想让张力浮出水面，首先就必须感知它。这种"感知"通常发生在日常工作中你感到沮丧的时候。例如，一个不必要的复杂的合同流程，或者你对某人的期望没有得到满足。如果对此什么都不做，那你就是在浪费让事情变好的燃料。治理会议搭起了一座桥梁，桥梁的一端是日常工作，另一端是关于如何完成工作的不断演化的约定，这座桥梁弥合二者之间的差距。

你在日常工作中遇到的张力是让事情变得更好的燃料——

不要把它们浪费掉!

自由和责任

在你的角色中，你享有很多自由。治理会议确定了你的职责和权限的边界，但在此之后，如何使用就是你的自由了。然而，这种自由也伴随着同等程度的责任。除了在定期的治理会议中制定和不断调整的职责外，还有一些基本责任是每个角色都必须承担的。《合弄制章程》规定了这些基本责任，它们包括：

1. 你是一台张力传感器；
2. 对于每一个张力，你都要弄清楚需要做什么、由谁来解决它；
3. 维护一份囊括当前项目和行动的完整的、最新的综述；
4. 定期回顾并更新这份综述；
5. 根据这份综述，清醒地分配你的时间和精力。

这些表述很直白。你通常可能不会用这种语言来思考这些事情，但你可能已经做过其中的一些事情了。然而，停下来以更明确的方式对其展开思考很有好处，因为它描绘出一幅清晰的画面，也就是当你担任了某个角色时，别人到底期望从你身上得到什么。你可能已经注意到，这 5 个基本责任有一个明确的顺序。第一个是最基本的：当你担任一个角色时，你有责任感知这个角色的张力。在本章的剩余部分，我们将讨论你应该如何处理你感知到的张力（责任 2 到 5）。

担任一个角色有很大的自由，但也不是没有义务：它伴随着一些基本的责任。

一台张力传感器

无论你是否意识到，你其实一直都在感知张力。你不断审视周围的环境，你的注意力会自动注意到现在的情况和可能或应该的情况之间的差距。

通常，人们把这些差距看作问题或者威胁，要么抗拒它们，要么试图说服别人对它们做些什么。人们或者把令人不安的张力掩盖起来，或者简单地忽略掉，或者可能在咖啡机旁、在家吃晚饭时发泄一下，如此而已。我们在张力中经常体验到的负面情绪是由各种判断、信念和恐惧引起的。不管我们说过多少次张力是燃料，这些负面情绪也不会在一夜之间消失。学会处理张力是一个缓慢的、建立信任的过程。如果你能改变必须立即找到答案或解决方案的想法，就会获得空间，可以不加评判地观察张力。这时，你就真正成了你的角色和你的组织的张力传感器。战术会议、治理会议以及《合弄制章程》都为你提供了方法，你可以真正把这些张力作为持续改进的燃料。

你越能放下必须为每一种张力找到解决方案的想法，就越能成为你的角色和组织的张力传感器。

5.2 处理张力

从你的角色出发,你不断扫描周围的环境,寻找事物当前的样子和可能的样子之间的差距,这样你就成了一台张力传感器。但是接下来呢?你应该如何处理这些张力?这就是其他4个基本责任要解决的问题了。你首先要弄清楚:针对这个张力,你是否应该做些什么。如果是,是什么?你要把由此产生的行动和项目添加到项目和行动的综述文件中,确保这个文件是完整的和最新的。最后,你要根据这份完整的综述,有意识地决定下一步要做什么。对 GTD 无压工作法有经验的人,会从这里看到戴维·艾伦提出的个人生产力的 5 个步骤:收集、澄清、组织、回顾、执行。在合弄制中,"收集"意味着你成为你的角色、圈子和组织的传感器,可以有条不紊地收集你感知到的张力。让我们看看后续步骤在合弄制的圈子和角色中都意味着什么。

"这不是我的角色负责的事!"

并不是你感知到的每一个张力都可以,或应该通过你的角色解决。担任某个角色的第二个基本责任是针对一个张力,弄清楚需要做什么,以及由谁解决它。这里有一些问题可以帮助你确定如何处理一个张力:

- 你的角色关心这个张力吗?

- 你圈子里的其他角色关心这个张力吗？
- 你的圈子关心吗？
- 你的组织关心吗？
- 你个人关心吗？

这些问题是按顺序来的：从上问到下。如果对所有问题的答案都是"不"，那你简单地忽略这个张力就可以了。显然，你感知到的这个张力，没有为你的组织或个人提供任何有用的信息。在大多数情况下，你可能至少会对其中一个问题回答"是"。如果你认为这个张力与你的组织、某个圈子或另一个角色有关，那就应该采取行动，但不是由你来采取行动。它可能来自你收到的某个请求，而这个请求由另一个角色或圈子负责。或者你可能在报纸上读到一些东西，引发你思考这个组织可能或应该做些什么。

在合弄制中，每个人在自己的角色中都是企业家。如果张力涉及你担任的角色的责任，那么就由你来决定如何处理它。这个原则也适用于其他角色。所以无论何时，你发现了一个需要其他角色处理的张力，你要做的就是将它交给正确的圈子或角色。这就相当于，假设你发现邻居家的车爆胎了（一种张力），你要去给他换轮胎吗？如果你想成为一个乐于助人的邻居，你只要让邻居知道他的轮胎爆了就可以了。你也可以什么都不做，相信你的邻居会自己发现并自己处理。归根结底，这不是你的张力，所以解决这个张力不是你的工作。

如果一个张力不属于你的责任范围，那么就把它交给正确的角色或圈子，或者什么都不做。

在许多组织中，关心自己并不（直接）负责的事情是投入和奉献的标志。不管这样做的初衷多么美好，它实际上都延续了一个问题，就是责任不清、期望不明。通过清晰明确地定义角色和职责，你可以确切地知道可以期望谁来做什么。如果不清楚谁负责什么，那么就要克制住自己介入并通过自己的努力来"拯救"组织的冲动。在合弄制中，这种行为被称为"个人行动"：在你（当前）的角色和职责范围之外的行动。你可以说自己在以个人身份做这件事。采取个人行动绝对没有错，但如果这种情况一直发生，那就意味着你需要在组织内部创造更多的清晰度。你可以把这件事带到下一次治理会议上，这样你就可以弄清楚应该由谁负责这件事了。所以，个人行动是好的，但要确保它不会变成一种模式。这样，组织就可以不断地从新的张力中学习、进步！

如果你养成了"拯救"组织的习惯，就剥夺了它从张力中学习，并提高组织清晰度的机会。

下步行动和项目

如果一个张力涉及你担任的角色的职责，那么就要由你来处理它。感知张力是自然的过程；不管你是否意识到，你总是会感知到张力。不幸的是，处理和澄清张力不是一个自然的过程：它需要清醒地思考。这个张力是什么？需要做什么？下步行动是什么？如果这样做解决不了张力，还应该做什么？预期的结果是什么？这种严谨的思考会产生一系列的"下步行动"和一系列的"项目"（预期的结果）。合弄制借用了 GTD 无压工

第 5 章 胜任角色

作法中关于"项目"和"下步行动"的定义。下步行动是指实际的、可见的行动。这里说的不是未来可能采取的一系列行动的清单，而是往前走的第一步，第一个行动。下步行动的例子包括：

- 打电话告诉丹尼斯活动的进展情况；
- 下载报销表格；
- 阅读研究报告；
- 邀请塔玛拉参加会议，讨论客户邮寄问题；
- 制定第三季度预算初稿。

思考下步行动可以帮助你把模糊的张力转化为非常具体的后续行动。你的目的是找出下一步要做什么，这样你就不必再去思考它，直接去做就可以了。如果下步行动不够明确（例如，"报销"），那么当你想去做的时候，就必须停下来重新思考你需要什么，下步行动是什么。这很有可能是你感到抗拒（因为它不清楚）并一直拖延（直到它变得火烧眉毛，你不得不停下来思考为止）的理由之一。

下步行动是你为解决或缓解张力而真正去做的第一件事。

只考虑下步行动的缺点是，你会缺乏对大局的关注，缺乏对采取下步行动后需要实现的结果的关注。如果采取下步行动后，无法完成一件事，那么弄清楚这件事的预期结果就很有必要。你可以通过定义一个"项目"来做到这一点。在 GTD 无压工作法和合弄制中，项目的定义是，需要不止一个行动才能实现的预期结果。根据这个定义，项目可以指相对较小的结果，而不是我们通常认为的那种复杂的、长期的结果。每个项目都

以它预期的结果表示,就好像它已经真的完成了一样。你要回答的问题是:

"完成后会是什么样子的?"

项目的一些例子包括:

- 写完市场推广活动计划;
- 签完 X 合同;
- 在博客上发表关于 Y 产品的文章;
- 第三季度预算获得批准;
- 实施合弄制。

项目是需要一个以上的行动来实现的预期结果。

当然,决定一件事情什么时候算是"完成",是一种主观判断。对于上面的每一个例子,你都可以问一下自己,一旦达到了这个结果,这个项目是否就真的完成了。在很多情况下,它们还会引出更大的目标或结果,所以你实际上还没有完成,或者永远不可能完成。后者又让我们回到了在角色和职责的领域中提到过的持续性的或重复性的活动。

通过这种方式,你可以区分思考和定义你的工作的三个层面:

1. 角色和职责;
2. 项目(根据定义,项目就是预期的结果);
3. 下步行动。

当你对这三个层面都有了清晰的认识,就会确切地知道别人对你的期望是什么(你的角色和职责)。你可以把这些持续性活动带来的更具体的预期结果添加到你的项目列表中。最后,为每个项目找到一个下步行动,并把它们添加到你的行动列表中。这两个列表(项目列表和下步行动列表)构成了你的工作跟踪系统的基础。

5.3　完整的、最新的综述

担任一个角色的前两个基本责任是感知并处理张力。第三个基本责任是将前两个基本责任的输出，记录到一个完整的、最新的系统当中。这个系统要包括你的所有项目和下步行动。

除了项目列表和下步行动列表之外，这个可以信赖的系统还可以包括其他列表，例如：

- "等待"列表（你正在等待来自某事或某人的输出结果）；
- "纳入考虑"列表（你没有承诺马上要做的事，但将来可能要做）；
- 治理会议上的议程事项（有关期望、角色和政策方面的张力）；
- 战术会议上的议程事项（有关运营方面的张力）。

你想了解更多关于如何建立这个可以信赖的系统的信息吗？只要在网上搜索"GTD"就可以了，或者更好的办法是阅读戴维·艾伦的《搞定：无压工作的艺术》这本书。在本书的后面，还有针对这个方法的一份简要概述（附录一）。

有一个系统可以跟踪你担任的角色的工作，这个系统的核心是项目列表和下步行动列表。

第 5 章 胜任角色

这里的关键不在于使用哪些清单，而在于打破把所有东西都记在脑子里的习惯。这一点至关重要。这么做有两个原因。其中最重要的是戴维·艾伦的观点：你的大脑生来就不是干这个的！你的工作记忆容量非常有限。平均来说，你的工作记忆一次最多只能记住 7 件事。一旦添加了新的事情，就会丢失旧的事情（至少在它再次被触发之前会丢失。被触发后，又会挤掉另一件事情）。

所以，你需要一个"外部存储器"，而这正是你对当前项目和下步行动的综述。更重要的是，通过释放工作记忆，你可以为大脑腾出空间，做它更擅长的事情，比如感知张力，识别模式，并想出新想法。而这些正好是你不能外包给外部存储器的事情！

打破把当前项目和各种行动都记在脑子里的习惯：你的大脑生来就不是干这个的。它们占用了宝贵的注意力资源，而这些注意力本来可以用在其他地方，更好地完成其他更有价值的事情。

第二个不要把你的综述记在脑子里（或者说，继续做这种徒劳尝试）的原因，是一个更实际的原因。当你把所有的事情都记在脑子里的时候，它们会混杂在一起，让你很难清醒地、公开地选择什么是最重要的事情。为什么要清醒地选择？理由非常明显。用戴维·艾伦的话说，我们不能选择那种"最新的、声音最大的"事情。但为什么要公开地选择呢？如果你独自工作，也许用不着。但我们大多数人是为了一个更大的目标与他人一起工作。在这种情况下，公开地选择是能够和别人协调一致、共同完成工作的基础。

一个关于你的项目和下步行动的完整的、最新的综述，有助于你作出清醒的和公开的选择。

5.4 每周回顾

无论你的综述多么完整，如果不经常对其进行维护，它很快就会过时。担任一个角色，意味着你要定期更新这个角色当前的项目和下步行动的综述文件。这就是"每周回顾"发挥作用的地方。每周回顾是担任一个角色的 5 个基本责任中的第 4 个。而且根据戴维·艾伦的说法，这也是提高个人生产力最重要的因素。如果你没有养成这个习惯，不仅你自己的生产力会受到影响，你还可能成为团队整体生产力的瓶颈。

每周和自己开一次会

每周回顾实际上是"和自己开一次会"，每周一次利用这个机会放空大脑，更新你的外部存储器。就像治理会议一样，和自己开会也有一些步骤：

- 收集你感知到的张力，以及悬而未决的事情，并把它们记录下来，找到处理办法；
- 回顾你的列表，有意识地选择你下周的优先事项。

通过每周回顾，你可以放空大脑，更新综述，使它再次变成完整的和最新的综述。

每周回顾从收集你仍然需要"做点什么"的事情开始，无论是笔记、电子邮件，还是想法。不要担心如何处理它们，也不要去想它们——在这个阶段你要做的只是收集。把这个过程想象成你为自己制定会议议程。每个议程事项只需要一两个关键词就够了。

在收集张力和悬而未决的事情时，过一遍"触发列表"会很有帮助，你可以看看它们是否触发了你需要做的事情。触发列表包括：

- 笔记、信件、语音邮件、文档、下载等；
- 过去一周未读（或未处理）的电子邮件；
- 上周的日程安排和接下来几周的日程安排；
- 你的"等待"列表；
- 你的"纳入考虑"列表；
- 你目前的角色和职责（至少每个月回顾一次）；
- 你的大脑（所有仍然没有清空的、你必须做点什么的东西）。

到此为止，你应该已经收集了很多张力和悬而未决的事情。现在要对它们逐一进行澄清。在这个环节中，最关键的是要完成你对每一个问题的思考过程，一次一个。你到底要怎么处理那个笔记？这封电子邮件呢？有任何一个你担任的角色关心这件事吗？如果有，就制定下步行动。如果下步行动无法做完这件事，那就制定项目，也就是预期的结果。如果你的角色不关心这件事，那就把它交给关心它的角色或圈子，或者忽略它。如果解决一个问题或完成某件事花不了两分钟，那就马上去做。毕竟，如果把这个行动添加到综述中，并在以后回顾它，会花费更长时间，还不如现在马上做完这件事。戴维·艾伦称之为"两分钟原则"。当你把每个议程事项添加到正确的列表中（例

第 5 章　胜任角色

如，下步行动列表、项目列表、纳入考虑列表、战术会议列表、治理会议列表等），澄清并找到处理它们的方法后，这一步就做完了。

每周回顾的第一步是系统地收集张力和悬而未决的事情，然后澄清它们，一次一个地为它们制定下步行动或项目。

第二步是维护你的综述文件。检查各个列表，确保它们都是完整的和最新的：

- 下步行动（它们清楚吗？它们是你前进时第一步要做的事情吗？）。
- 项目（预期的结果清楚吗？它仍然准确吗？每个项目的行动清单上都至少有一个下步行动吗？）；
- 角色和职责（它们还合理吗？你希望接手新的项目吗？你在治理会议上有什么议程事项吗？）；
- "等待"列表（它们还是最新的吗？你有什么需要跟进的吗？）；
- "纳入考虑"列表（上面有什么你想激活的事情吗？你有什么想从列表上去掉的事情吗？）。

现在你的综述文件已经是完整的和最新的了，你可以有意识地选择这周要做什么。如何在众多的角色、项目和下步行动中，分配自己的精力和专注力？现在要做什么，什么可以推迟到以后再做？过一遍你的项目列表，选择你这周要做的项目。在设置优先级的时候要现实一点，不仅要有意识地选择你这周要做的事情，还要有意识地选择你这周不做的事情。

看着更新后的综述文件，有意识地选择你这周要做什么。

回顾完综述文件并设置优先事项了吗？接下来，在这周剩下的时间里，你要做的就是完成这些优先项目和下步行动。选择你优先要做的事情会让你更加专注，选择你（暂时）不做的事情可以让你更加安心！

从被动到主动

要保持你的（多个）角色和职责与你日常工作中的项目和下步行动之间的联系，这一点非常重要。要想实现这种自觉的、积极的工作模式，就要养成一个重要习惯：认真完成每周回顾，而不是对最新的和声音最大的事情作出反应。尽管你总会在某个时候完成下步行动和项目，但在角色的职责中，包含了你应该一直关注的持续性工作。如果你有几周忘记回顾这些事情，你的综述文件就会出现漏洞。为了防止发生这种情况，你要确保每个月至少有一到两次回顾你的角色和职责，作为每周回顾的一部分。回顾整体进度和项目的优先次序需要每周进行，以确保项目不会停滞，并且对每个项目都有明确的下步行动。

通过每周回顾，保持了你的角色和日常工作之间的联系，这样做可以帮助你作出清醒的、积极的选择。

第5章 胜任角色

保 证

在"胜任你的角色"培训课的第一部分,约翰谈到了5个基本责任,以及如何将它们用于日常工作。尼尔很高兴,因为这些对每个人都有帮助。索拉雅评论说,在一切顺利的日子里,他们已经按照这种方法工作了。在培训课的最后一部分,约翰谈到了第5个责任:如何清醒地选择优先要做的事情。

"这个责任基本上意味着,你每时每刻都要作出清醒的选择。你已经把下步行动列表上的事情做完了,现在你可以决定优先要做哪些事了。你们谁有待办事项列表?"

尼尔环视了一圈,但没有人说话,于是他说:"我们在上次团队会议上定了一个行动清单,这个可以吗?"

"可以,没问题。"约翰拿起清单,看着它说,"第一个行动点是什么?"

塔玛拉回答说:"是我的事:我要给客户群发一封邮件。"

"那么,可以把这件事划掉了?"

"不,我还没有做呢,因为……"

约翰打断了她。

"没有必要解释为什么没有做。我只是好奇你为什么把今天的日期写在上面。"

"嗯……因为上周我以为我今天能做完呢。"

"而且那个时候你很确定?"

"不,不确定。"

"如果不确定,为什么还要写上一个日期呢?"

塔玛拉的脸红了。尼尔觉得约翰有点过分,就打断了他。

"约翰,是我上周要求塔玛拉写上一个最后期限。因为在我们的行动清单上,都要写上一个时间。否则,任何人都可以答应任何事情,它就算不上一个真正的保证了。"

"好吧,我明白了。你想要的是清晰度。但你现在确定吗?什么时候能够做完?"

塔玛拉说:"不,我不确定。而且我还想对此说两句;因为我觉得自己处于一个两难境地。我之所以给出这个日期,是因为我觉得大家期望我在这个日期前完成,我不能辜负大家。但说实话,我这周有太多的事情要做,回想起来,我不应该作出那个保证。"

约翰对她表示感谢,说:"谢谢你,塔玛拉。"他转向大家,问道:"这种事经常发生吗?"

"经常发生。因为我们都太忙了,所以我们的大部分行动点经常往后推。"苏珊娜说。

"是的。所以你们希望如果给它设定一个最后期限,你们就会完成它。"

苏珊娜点了点头:"确实如此。"

"我理解你们为什么要设最后期限。但如果你们要求每个人在每个行动上都设一个最后期限,那么你们只是在相互愚弄。"

威尔大声说道:"对不起,约翰,我不同意你的看法。在上面加上一个日期,会让它看起来更明确、更具体。"

"威尔,我过一会儿再谈这个问题。因为这里有个陷阱。为了满足第三个基本责任,你必须能在任何时候拿出一份对你工作的完整综述。如果一个团队成员想知道你正在做什么,你必

第 5 章　胜任角色

须能给他一份你当前项目的综述。但加上最后期限，会误导别人，以为你干完了这件事。"

尼尔问道："但如果没有具体计划，这一切就都没有意义了，不是吗？"

"不，我不同意你的看法。加上一个最后期限，并不一定会让它变得更清晰。而指出哪个项目的优先级更高，则要重要得多。让我们做一个练习：我希望你们在便利贴上写下当前项目的预期结果，然后按照重要程度从上到下排列。"

约翰把便利贴发了下去，每个人都开始奋笔疾书。

几分钟后，约翰环视了一下房间，问道："大家都写完了吗？"

他走向塔玛拉。"塔玛拉，如果你用这种方法看待你的项目，你还会那么快地承诺最后期限吗？"

塔玛拉直起身来说："我应该不会。"

"为什么不会？"约翰想知道原因。

"我承诺那个日期的时候，并没有看我的综述。现在我看着它，意识到我不可能完成那个任务，因为我还有另一个更重要的项目。"

威尔说："但是，如果没有最后期限，你如何掌控这一切呢？"

"你说的掌控是什么意思？"

"就是你知道你什么时候会做完它。"

约翰转向大家，说道："你们可以让彼此清楚地知道各自项目的相对优先级。这样你就会对完成日期有一个比较可靠的估算，而不是随机想出一个日子来。根据你当前的优先事项，你可以更好地估计什么时候能够做完这件事。"

利恩以一种略带疑惑的语气插话道："但是，约翰，如果每天都要做这件事，你是怎么做到的？打个比方，我喜欢在一天开始的时候写下要做的事情，然后画掉已经做过的事情。这样要简单得多。"

约翰笑了。"是的，这听起来确实简单得多。但是，说实话，你总能在每天结束的时候，完成清单上的所有事情吗？"

利恩叹了一口气。"不，事实上我几乎从来没有完成过。我似乎总是犯贪多嚼不烂的毛病。"

约翰后退了一步，问道："这听起来很熟悉，不是吗？"

每个人都点了点头。

"你们有没有意识到，你们实际上做的事情都和塔玛拉一样？给出一个最后期限，然后不得不承认在这个日期之前做不到？我想说的是，即使是在日常任务这个层面上，你也应该设定优先级，而不是制订一个有明确期限的计划。"

"那你是怎么做的呢？"索拉雅问道。

约翰看着她，说道："在做任何事情之前，看看你的列表，或者你的全部列表。更好一些的做法是根据行动类型或工作环境把事情分好组。根据这些列表，决定出哪件事是马上要做的最重要的事。"

"但我怎么知道哪件事最重要呢？"威尔问道。

"如果我给你 15 分钟的时间，以及一张 10 个你要联系的客户名单，你可能就会确切地知道，在这段时间里你要给哪些客户打电话了。如果你有一个可靠的综述文件，知道你要做的所有事情，那么你就可以通过直觉选择最重要的事情了。"

第 5 章　胜任角色

尼尔理解约翰说的东西，但觉得仍然少了些什么。

* * *

尼尔沿着走廊走回办公室。他坐在办公桌前，又看了一遍自己拿给约翰的那份行动清单。确实，那些最后期限——它们大多数都会推迟的。但当拉凯什或团队外的其他人询问项目的进展时，他希望清单上有最后期限。如果团队开始按照约翰的方式工作，他会发现自己的处境很艰难。毕竟，他们签下的许多单子都是有严格的截止日期的。这难道不是一种倒退吗？他走回会议室，看到约翰还在那里，正在笔记本电脑前工作。当尼尔进来时，约翰抬起头。

"有什么事吗？尼尔？"

"嗯，约翰，我又思考了一下，缺乏计划性让我很困扰。"

"你这话是什么意思？"

"嗯，你上课时说的话很有道理。我们几乎从来没有在最后期限前完成过任务。但现实是，我们公司的其他人希望，我和我的团队能够给他们一个明确的最后期限。对我来说，这是无法回避的。"

约翰好奇地看着尼尔。"'现实'——这个词很有意思，你是指主观现实还是客观现实？"

尼尔皱皱眉道："你开始探讨哲学了。"

"也许吧，但我下面要说的不是哲学。当你给别人一个一厢情愿的所谓可靠的最后期限时，你真的是基于现实吗？还是说你只是在取悦他们，告诉他们你认为他们想听到的话？"

尼尔觉得自己被逼到了墙角。"但你不能否认最后期限是有用的！它可以起到督促的作用。如果不是因为北美的单子设定了如此严格的最后期限，我们可能永远不会开始实施合弄制。"

约翰坚定地说："当然，设定最后期限会给人一种紧迫感。但我想说的是，把最后期限当作一种控制和管理日常工作的方式，总会让你陷入麻烦中。"

"但有总比没有强，不是吗？"

约翰承认："是比没有强，但我主张的不是什么期限都不设。我主张的是根据实时的估算设置期限，而不是盲目地保证。"

"这有什么区别呢？"

"如果我一拍脑袋就告诉你，我3小时能到波特兰，那么这就是一个保证。但如果我开车的时候遇到交通高峰，我的导航会实时显示不同路线的所有信息，以及堵车的位置，那么我就可以给你一个更现实点儿的、我什么时候会到波特兰的估算。因为我掌握了更多的信息。问题是你和你的团队想走哪条路？一拍脑袋的保证，还是基于实时信息的估算？"

"当然是基于实时信息的估算。"

"好吧，这就是我们在下次战术会议上要做的事。我需要一个有关团队重要的、关键性指标的概述。作为引导链接，你负责定义和分配圈子的指标。你能为下次战术会议做好这些准备吗？"

"没问题，我可以。"

5.5 制订计划还是制定优先级

制订计划——这是你每天或多或少都要做的事情。但它真的像我们想象的那样有效吗？还有其他选择吗？塔玛拉尽管知道自己可能无法做到，但还是承诺了一个最后期限。尼尔的计划似乎能让自己更安心一些。但计划的问题在于，我们不太擅长估算完成某件事需要多长时间。平均来说，我们有一半的时间是估算错误的，这还是乐观的说法。此外，根据定义，计划是基于对未来的预测。然而，认为现实会根据我们的计划展开，无疑是一种幻想。但这种幻想会带给你一种舒适的确定性和控制感！如果你投入大量精力来维持这种虚幻的控制感，它就会变得更危险。它会让你混淆计划和现实，而现实总有办法打败计划。

在引导以及选择工作的时候，一个更具动态、更灵活的方式就是制定优先级。当你为工作制定优先级时，你不会预测完成某件事需要多长时间，或者你什么时候会去做这件事。在制定优先级时，你依靠的是一个可以信赖的综述文件，里面列出了你所有要完成的工作。根据这个综述文件，你可以作出清醒的选择，而不是盲目地保证什么时候会完成某件事。你可以让其他人看到你的选择和你设定的优先级。因为如果你给某件事设定了更高的优先级，那么就意味着其他事情会暂时拖一拖，或者会在稍后完成。让别人看到你的选择，他们自然就会为他们提出的要求负责。除此之外，如果你能主动地、以一个比较短的周期（比如在定期的团队会议上）不断地让人们看到你的选择，那么他们就会根据你的工作进展，在需要时作出自己的调整。这样做实际上给了你更多的控制力。这不是一个静态的、预先定好（你以为的）最后期限的计划能办到的。而且，如果你在最后期限前没有完成任务，你通常会在最后一分钟甚至之后才知道。用制定优先级这种方法工作，看起来提供的确定性较小，但它比制订计划更现实，也更灵活！

比起基于预测和最后期限来制订计划，基于一个完整的、透明的综述文件来制定优先级，会给你更多的控制力。

而且，如果有必要（例如，由于外部环境或客户对最后期限的要求），你总可以为此制订一个带有最后期限的计划。不过，即使在这种情况下，你也会掌握更多的信息，知道你手头上的事情，知道这个最后期限承诺会如何影响你正在处理的其他事情！

5.6 基于角色的合作

感知张力,维护一个有关项目和行动的综述文件,明确地作出选择,分配自己的时间和注意力,进行每周回顾……当你担任一个角色时,别人对你的期望会有很多。而且这还只是你担任自己的角色的时候!

你们能对彼此有什么期望?

没有一个角色能够单独完成圈子的目标。尽管大多数工作都是在一个角色内完成的,但角色之间通常也有许多连接,并且相互依赖。没有合作,一个圈子就无法正常运转。你们对彼此到底能有什么期望?如果某个人没有达到你的期望,你会怎么做?这些都是非常重要的问题!通常,一个团队中有多少人,就有多少个答案。每个人都有自己的看法,只有在出现问题时才会显露出来(有时甚至在出现问题时也不会)。你可以让大家写下他们认为别人对自己的期望,以及他们对别人的期望。你会惊讶地发现,他们的期望是多么不同!这就是我们在合弄制中要定期召开治理会议的原因。在治理会议中,你可以定义对每个角色的期望。这不是只开一次会的、专门的讨论,这是定期的讨论。只有这样,这些期望才可以根据实际的张力和不断变化的环境进行调整。

定期地、明确地调整彼此的期望，达成一致，这样做很重要。

除了角色的具体职责外，我们在一起工作时，通常对彼此有一些更一般性的期望。当你的同事没有完成他的职责时，你应该如何让他负责？我们能向别人提什么要求？让我们看几个例子：

- 在你担任的销售角色中，你有哪些项目和行动？
- 你是如何确定你的项目和行动的优先级的？
- 你估计这个项目或行动什么时候能完成？
- 在这个具体的职责或项目上，你的下步行动是什么？
- 你能接手这个项目或行动吗？

处理请求

在治理会议中建立起的期望，是圈子中的成员彼此提出请求时的依据。当有人提出请求时，你要问自己的关键问题就是："这是我的角色关注的事情吗？"如果答案是"不"，就要明确地回复："这不是我负责的事情。"这并不一定意味着你个人不关心或者你不会去做这件事。即使这不是你的角色负责的事情，你仍然可以去做（作为"个人行动"）。但是无论你是否去做，都要确保在下一次治理会议上提出这一点，这样就可以对此作出明智的决定了。然后大家下次就会清楚了！

正如你看到的那样，使用合弄制，事情会变得非常透明。当你担任一个角色时，其他圈子成员有权对你提出要求；这些要求包括你做的项目和行动、你如何为它们设置优先级，以及你估计什么时候能够完成其中的任何一项。

在合弄制中，圈子成员有权要求你提供透明度，让他们看到你是如何担任角色、完成工作的。

在提出要求和提供透明度方面，要记住两件事。首先，在对一个角色可以期望什么和不可以期望什么这件事上，不能产生模糊和混乱。这就是治理会议的目的。其次，你要在自己的角色中，可靠地跟踪所有的项目和行动。所以，每周回顾是非常重要的习惯。如果你清楚自己的优先事项，就很容易对完成时间作出一个现实的估算。顺便说一下，估算并不是保证；它是完全基于你现在知道的和可以预见到的事情作出的估计。如果明天有人想知道是否有变化，你总是可以给出一个新估算的。总而言之，当你担任一个角色时，人们会对你有很多期望；但另一方面，你也可以要求圈子成员为你提供同样程度的清晰度和透明度！

第 6 章

战术会议

第6章 战术会议

进 步

尼尔走进会议室时吃了一惊:墙上的白板被打上了方格。

"你觉得我画得怎么样?看起来很不错,是不是?"约翰一边说一边继续在白板上写字。

"每个人的审美眼光不同,"尼尔笑着说,"这是为我们的战术会议画的吗?"

"是的。这是我们第一个版本的项目看板。"

5分钟后,所有团队成员都到了。约翰已经布置好了房间,让每个人都能看到白板。他解释说,战术会议的目的是让大家在圈子的运行上保持同步,这样每个人就都可以继续推进他们的工作了。这是他们的第一次战术会议。

"就像在治理会议上那样,我们将以高度结构化的方式来开这个会。但这一次我们不会从制定会议议程开始。相反,我们会先快速进行几轮更新环节。"

尼尔有点担心:"这个会只有一小时的时间,会不会太紧张?"

"更新环节帮助每个人了解最新情况,并为会议议程提供素材。"约翰指着项目看板,解释上面写了什么,以及他们将如何使用它,"但是首先,让我们先进入签到环节。"

几个人签到后,轮到尼尔了。"我对这次会议非常好奇。说实话,在上完'胜任你的角色'这堂培训课后,我很想知道战术会议的附加价值是什么。"

当他们进入清单核查环节时,尼尔很高兴地告诉大家他完成了每周回顾。但令他惊讶的是，还有几个人在这项清单核查上也回答了"完成"。并不是所有人都完成了，但这肯定是一个进步！在下一个环节，约翰要求几个角色报告圈子的指标。尼尔很好奇其他人会做得怎么样，因为换作以前，他是唯一给出数字的人。令他惊讶的是，他的团队准备得很充分。威尔似乎特别喜欢报告自己角色的指标，这也附带为尼尔提供了一些有价值的信息，他下周汇报时需要用到。接下来，约翰让每个人在便利贴上写下自己目前的项目，并贴在项目看板上。几分钟后，白板上就贴满了便利贴。

"太好了，那么我们现在可以开始项目进展环节了。我们不会讨论每个项目的细节，只要给大家一个简短的更新；如果没有什么要报告的，说'没有变化'就可以了。"

轮到苏珊娜时，她对她的每个项目都说"没有变化"。约翰看出塔玛拉想说点什么，但他还是先开口了。

"如果你们有什么要说的，请保留到制定议程环节。到时候我们会把所有事情一起收集起来。"

塔玛拉在记事本上写下了一些东西。大约15分钟后，约翰表示现在进入制定议程环节。大家看起来都有点困惑。

"我们就这样当场编出一个议程吗？"利恩问道。

"不，不用编任何东西！只要看看周围有什么东西让你感到张力。可能是你一直在考虑的圈子运行的问题，也可能是我们刚刚完成的几轮更新引起了你的某些想法。"

约翰给了他们几分钟的思考时间，然后问道："好了，议程事项，谁有？每项只需要一两个关键词就够了。它们只是一个标签，我们稍后会深入讨论。"

第6章 战术会议

很快,翻页板上就写上了十多条议程事项。

"我们要在剩下的时间里把这些都讨论完吗?"威尔皱着眉头问道。

"是的,我们会的。"约翰露出了让人放心的微笑。

尼尔心想,真是那样就太棒了。

下步行动

第一个议程事项是塔玛拉的。翻页板上写着"在线活动"。约翰问她:"关于你感觉到的张力,你能告诉大家更多的东西吗?"

塔玛拉解释说,她对市场推广活动线上部分的进展不太满意。"我看了一下苏珊娜的广告公司到目前为止做的事情,我有几个问题。广告公司提到的一些数字并不现实。我想知道他们的专业知识是否能胜任我们这场推广活动。"

苏珊娜正要回应,约翰打断了她。

"稍等一下,你马上就可以回应,但首先,我们要听听塔玛拉需要什么。"

塔玛拉看了一眼苏珊娜,然后看着约翰说:"好问题。我想确保我们这次活动的在线部分能够取得成功。"

"你这个请求是针对哪个角色提出的?"

"嗯,主要是针对苏珊娜的。"

"她的哪个角色?"

"市场活动角色。"

苏珊娜问道:"你觉得他们什么地方做得不到位?"

塔玛拉回答说:"搜索引擎广告（SEA）估计太低,搜索引擎优化（SEO）估计太高。搜索引擎广告是一件棘手的事情。有点像拍卖会,如果你估计错了,可能会损失很多钱。"

尼尔插话道:"如果真是这样,那就有问题了。我们真的不能超出预算。"

威尔开口道:"那我们……"

约翰打断了他们:"抱歉,伙计们,我得打断一下。用一个简短的讨论来澄清问题是绝对可以的,但我们并不是要在此时此地解决这个问题。相反,我们需要回答的问题是:下步行动是什么?"

所有人都沉默了片刻。然后塔玛拉说:"我建议聘请一个专业机构来处理我们这次活动的搜索引擎广告和搜索引擎优化。"

苏珊娜身体前倾,正准备说话,但约翰抢先开口道:"这是谁的职责呢?"

苏珊娜答道:"这难道不是我的职责吗?我负责指导广告公司。"

尼尔说:"指导广告公司确实是你的职责。但塔玛拉说的不是广告公司。"

苏珊娜低声嘟囔着。

约翰道:"那么,在我看来,还不完全清楚谁该对此事负责。"

"是的。"

"那么我建议下步行动,就是塔玛拉就此事准备一份提案,提交给下次治理会议。"

塔玛拉对这一意想不到的转变感到惊讶,她说:"但是,约

第6章 战术会议

翰，这难道意味着我必须等到下次治理会议时，才能开始寻找线上代理商吗？"

"当然不是，那样肯定会拖慢你的进度。在那之前，你可以使用你的自主权，做你需要做的事情。在合弄制中，这叫'个人行动'。"

"什么是个人行动？"塔玛拉问。

"个人行动是指你在当前角色之外采取的行动。你总是可以采取个人行动，只要你把它带到下次的治理会议上就可以了。这样你就可以基于一项持续性活动来解决这个问题了，而不是继续采取个人行动。"

"听起来很不错。"

约翰再次转向大家："那么，为了结束这个议程事项，寻找在线代理商的下步行动是什么？"

威尔看着尼尔说："你以前不是和一家代理商有过合作吗？"

"是的，我对他们很满意。塔玛拉，我会给你他们的电话号码。"

"好的，"塔玛拉说，"我明白了。威尔，你能帮我记录下步行动吗？'给在线代理商打电话'。"

威尔做了记录，然后往回看了一眼，问道："那么，预期的结果是什么？'找到在线代理商'？"

塔玛拉回答道："写上'告知在线代理商活动情况'怎么样？"威尔赞许地点点头，把它记录了下来。

节 奏

在第一个议程事项之后,其他事项也很快处理完了。一小时后,他们在结束环节中开完了会。当团队成员都离开后,屋里只剩下尼尔和约翰。

尼尔看了看手表。"这个会开得真快!我想我们一定创造了一个速度纪录。"

约翰微笑着说:"是的,是很快。战术会议可以开得非常快,但快不是目标。"

"那么什么是目标呢?"

"我们的目标是在规定的时间内处理完所有的议程事项,不管有多少。我们今天的事项很多,所以我决定加快速度。"

尼尔倒了一杯水。"我还得适应这一切。我本想就其中一些话题进行更深入的探讨,感觉有点像没说完似的。"

约翰看着他。"你希望有更多的讨论空间吗?"

尼尔喝了一口水,说道:"是的。我觉得如果不在大家开会时一起讨论,恐怕就不再有机会了。"

"我能理解。但有两个问题:首先,有关的决策和工作都不再由你来做了,而是由相关的角色来做。其次,如果你试图在一次会议上把所有事情都做完,那么到头来什么都做不好。"

约翰继续说道:"你希望让每一个人都参与到每一个决定中来。但这是一种极其低效的合作方式。"

尼尔叹了一口气,说道:"是的,你说到点子上了。只不过,我就是喜欢投入到细节当中,把事情做好。"

第6章 战术会议

"当然！没有什么比取得真正的进步并完成清单上的任务更令人满足的了。但这种情况不会发生在会议上，它只会发生在人们在自己的角色中努力工作，并自主地作出决定的时候。战术会议只是为了取得同步和消除障碍，这样每个人就可以回到各自的角色中继续工作了。"

尼尔还是有些疑惑。"嗯……那么，你怎么知道人们是否作出了正确的决定，怎么知道我们走在了正确的轨道上？"

"按照以前那种方法开会，你能控制这些事情吗？"

"嗯，能控制一点。但我从来没有足够的时间来处理所有事情，所以我必须在两次会议期间不断地跟进。"

约翰问尼尔："这要花很多时间，不是吗？"

尼尔回答道："是的，很多时间。有时候我觉得这些工作都是我一个人在做。"

"所以，你要不断和别人联系，和这个人说几分钟，和那个人说几分钟，然后挤出时间快速发一封电子邮件……"

"确实如此……你是怎么知道的？"

约翰叹了口气，说道："这种东一榔头西一棒子的工作方式会对生产力造成巨大伤害。你们不断打扰彼此。当你建立起一个每周战术会议的可靠节奏后，你们之间就不需要那么多的协调工作了，这会为每个人节省大量时间。"

尼尔惊讶地说："这听起来很不错！但我还想知道一件事。你说过战术会议一般一周开一次，但有时候你不能等到下次会议吧？"

"是的，有时候不能等到下次会议，"约翰说，"但在合弄制的会议之外，你们仍然可以互相交谈并取得一致。但如果这个问题对你来说是个大问题,你可以考虑增加另一个会议,一个可选的会议。我们称它为日常'站立式短会'。我们明天就可以试试看。"

尼尔举起一只手,说道:"稍等,让我再澄清一下:你是让我简单地相信,仅仅靠这些会议的节奏,事情最终就会完成?"

"完全正确。这些定期会议会为团队中的每个成员带来完全的透明度。你会确切地知道正在发生什么。而且由于周期缩短,你就可以根据真实的张力不断地进行调整和适应。"

"好的,让我们这么干下去吧!"

"这样就对了!"约翰说道。

第 6 章 战术会议

6.1 协调圈子中的工作

明确角色很重要,但它本身并不是一个目标。最终目标还是圈子中的工作。因此,除了治理会议外,合弄制还有运营会议。最重要的运营会议是战术会议,但你也可以选择召开简短的日常会议(站立式短会——后文会详细介绍)。需要明确的是,战术会议永远不能完全取代其他在日常工作中取得协调的方法。但同时,我们都很了解各种"短"会和不断走到某人办公桌前临时沟通对人的打扰有多大。因此,把一些张力留到每周按照严格流程召开的战术会议上,至少会为大家节省更多宝贵的时间和精力。

战术会议

战术会议每周召开一次,主要讨论圈子的日常工作。尽管大多数工作是由角色独立地使用他们的权限自主完成的,但他们并不是孤岛。角色需要一起合作来实现圈子的目标。因此,战术会议的目的就是让大家定期、有效地保持同步,以便每个人都能继续推进自己的工作。战术会议的格式与治理会议的非常不同,而且速度会更快。平均需要一小时的时间。在会议结束时,每个人都会确切地知道圈子正在做什么,以及下一步需要做什么。

与治理会议类似,战术会议的议程也是根据张力当场制定的。不同之处在于，处理这些张力的方式更实际、可操作性更强。战术会议以圈子的角色和政策为基础，它关注的是圈子的项目、结果、进程以及下步行动。

在战术会议上，圈子里的角色会定期围绕着圈子的工作快速取得协调。

战术会议不是当场解决张力的地方。你可以把它看作医院的急诊室：你会碰到各种各样的事情，但并不是每件事都同样紧急或重要。你绝对不想做的一件事，就是带着整个专家团队从一个病人转到另一个病人，忙乱地在现场对他们进行治疗，甚至对他们进行手术！然而，这正是我们在会议上经常做的事情。我们试图在现场，在每个人都在的时候解决问题。

合弄制中的战术会议更像急诊室的运作方式。每个病人都会接受简短的检查，以确定问题的严重程度，以及需要采取什么措施来解决问题。大多数患者不会当场接受治疗，而是会转到相应的科室进行治疗。战术会议也是这样：简单地检查每个张力，然后转到有权限和职责解决这个问题的角色那里进一步处理。

和治理会议一样，战术会议也由引导员主持。他的工作是确保所有的议程事项在规定时间内得到处理。秘书记录战术会议产生的每一个下步行动和项目。

战术会议不是讨论圈子的角色和职责的地方。有关这些问题的任何张力，都要保留到下次的治理会议上。将这两个会议（战术会议和治理会议）分开，会产生很大的清晰度。把它们混在一起，哪个会都开不好。

第6章 战术会议

战术会议的目的是在规定的时间内处理完所有的张力，并明确针对每个张力的下步行动。

一旦熟悉了治理会议的流程，并且圈子中的角色也很明确，你就会发现战术会议其实容易得多。需要哪个角色解决哪个张力是显而易见的，确定下步行动也很容易。与此同时，战术会议也能反映出圈子的角色和职责不够清晰，以及存在差距的地方，它们可以在下一次治理会议中得到处理。治理会议和战术会议之间的这种持续互动，为圈子创造了更加清晰和高效的工作环境。

6.2 战术会议的结构

和治理会议一样，战术会议也有预先制定好的结构，由引导员强制执行。它的结构如下：
- 签到环节；
- 清单核查；
- 指标核查；
- 项目进展；
- 制定议程；
- 处理议程事项；
  - 议程事项 1；
  - 议程事项 2；
  - 等等；
- 结束环节。

让每个人都看到圈子当前的情况

战术会议以签到环节开始。这一环节的目的是分享你脑子里正在想的事情，这样你就可以放下这些事，全身心地投入到战术会议中了。接下来的 3 个环节（清单核查、指标核查、项目进展）旨在让每个人看到圈子当前的运行情况。每周这样做可以提高你对圈子整体工作的认识，有助于圈子成员尽早发现张力，及时作出调整。

第6章 战术会议

战术会议的第一部分旨在让每个人都看到圈子当前的运行情况。

签到环节之后,在清单核查环节中,引导员会按照一张重复任务清单逐一核查(如果没有这个清单,则进行指标核查环节)。清单上的每项任务都由一个角色负责,按照一个固定的节奏频率完成。比如,"每周发送新闻简报"这项重复任务,就是由在线业务角色负责的。如果这个角色在本周发送了简报,那么就回答"完成"。另一个常见的清单核查项目是"每周回顾",这是圈子中所有成员每周都要做的事。有些任务可能有不同的频率,比如每个月或每个季度做一次。这一环节的目的是为重复任务创造透明度,使它们成为一种习惯。

在清单核查过程中,可能有人会发现问题,或者感知到张力。例如,如果有人说他们没有完成某个特定的任务(回答"没有完成"),就会出现这种情况。与大多数会议不同的是,我们不会马上讨论,而是把它们作为一个议程记录下来,以便在稍后的环节中(在处理议程事项时)进行处理。这时候出现任何讨论或回应,引导员都会立即打断,并建议把它们作为张力放在会议议程中。

在指标核查环节中,这些原则同样适用。在这个环节中,我们核查圈子的指标,让每个人看到圈子当前的运行情况。我们走在正确的轨道上吗?我们实现目标了吗?通过定期核查一些相关指标,圈子可以更好地了解工作的进展情况。指标的类型取决于圈子的目标和正在进行的工作。可能的指标包括网站点击量、员工请病假的百分比或新签合同的数量。一些指标每周核查一次,而另一些指标可能一个月或一个季度核查一次。

在战术会议的第一部分,引导员会立即打断所有的问题和讨论。

指标总会和某个角色连接起来,这个角色会在战术会议上报告这些指标。通过在一段较长的时间内定期回顾这些指标,圈子会感觉到发展趋势,并对张力变得更加敏感。像以前一样,在指标核查环节,任何张力都要作为议程事项留到后面讨论。这有助于保持这一环节的速度,以便在后面的会议中有足够的时间来处理所有的议程事项。

在制定议程之前的最后一个环节是"项目进展"。在这个环节中,每个人都简要报告他们当前的项目有没有变化。这比常见的"状态更新"更具体:自从上次战术会议(通常是上周)以来,这个项目具体发生了哪些变化?引导员要求每个人报告他们角色中的项目变化。如果某个项目在过去一周内没有变化,那么就没有必要进行通常的更新,更不用说长篇大论地解释为什么没有变化了。只要说"没有变化"就足够了。如果有人在这件事上感到了张力,那么就可以在下一个环节将它添加到会议议程中。

这一环节的目的是对圈子的工作进行高层次概括,充分透明地了解每个人在做什么,以及取得了哪些进展。此外,它还有助于明确圈子中每个成员的优先事项,看看他们在下周将哪些项目列为"当前"项目。在这个环节中,许多圈子都会使用一块实体白板。我们将在后文讨论这个话题。

项目进展环节让圈子中的每个成员都了解了其他成员正在做什么、正在取得什么进展，以及他的优先级是什么。

在介绍项目进展时，重要的是简洁，并限制正在进行的项目数量。如果不这样做，这一环节就会陷入冗长的独白当中，让大家失去注意力，而且占用了讨论议程事项的时间。只有一个办法可以找到适当的平衡，那就是多试几周！和前面几个环节一样，在这一环节中不允许讨论。我们的目的是在一个高层次上，快速地了解圈子的情况。这样做往往会突出这个圈子现在的状态与它可能或需要达到的状态之间的差距，这些差距就是要在会议议程上处理的张力。

收集并处理议程事项

在项目进展环节之后是制定议程环节。圈子中的任何成员都可以提出张力，包括在前面几个环节中感知到的张力。例如，有些人可能会对上周网站的点击量感到张力（来自指标核查环节得到的信息），或者对两个重要项目缺乏进展感到张力（来自项目进展环节得到的信息）。在制定议程过程中，没有必要解释每个张力，一两个关键词就足够把它们添加到议程中了。引导员会当场列出一个表格，包括每个张力以及提出者的名字或首字母。

战术会议的议程是根据张力当场制定的，然后在规定的时间内逐一处理完毕。

如果几个人提出了类似的，甚至是相同的议程事项（例如

"网站访问量"），那么只需简单地把它们都添加到议程中就可以了，每一项对应一个不同的提出者。处理议程事项的基本原则是：一次处理一个人提出的一个张力。当你把几个人提出的类似张力放在一起讨论时，你可能无法处理好任何一个张力。相反，你可能会陷入一场挣扎，不知道哪个张力最重要，而且不知道"最好的"、最全面的解决方案是什么。与直觉相反，多次处理类似的张力，每次只关注一个人（张力的提出者）的感觉，以及他在前进时需要的东西，进展则要快得多。这种做法不仅不会让事情变慢，反而会让事情变快，同时也会带来更好的结果！

一旦制定完议程，你就可以沿着列表一项一项地处理张力了。每个议程事项都有一个提出者。无论议程上有 3 个还是 15 个事项，战术会议的目标都是在规定时间内（通常是一小时）处理完所有事项。处理议程事项包括以下步骤：

1. 引导员问："你的需求是什么？" 议程事项的提出者作出解释；

2. 议程事项的提出者根据需要引入其他角色或人员；

3. 一旦有关下步行动或项目的任何请求被接受，就由秘书记录下来；

4. 引导员问："你的需求得到满足了吗？"

引导员在每个议程事项开始时，都会询问议程提出者，他的张力是什么，以及他的需求是什么。在简短的解释之后，议程提出者可以引入其他人（这个"其他人"代表或者不代表他们的角色都可以）。根据剩余的时间，引导员会在某一时间点上问："下步行动是什么？"有时，通过定义一个预期的结果形成一个项目也是可以的。一旦这个人或者这个角色接受了下步行动或项目，就要由秘书记录下来。

战术会议的输出是一个下步行动和项目的列表，其中包括把每个下步行动和项目分配给正确的角色和人员。

战术会议的最后环节是结束环节。每个人都有机会简短分享对战术会议及其进展的反思。引导员要确保人们不会互相打扰。

6.3 项目看板

项目看板是一个可视化的管理工具，它提供了圈子正在进行的项目的概况，它列出了圈子中的成员想让大家了解的项目。通过每周维护和报告这些项目，圈子可以跟踪正在进行的重要工作。它为圈子的整体工作和优先事项带来了高水平的透明度，这样便于更早地发现任何可能的张力。

制作一个项目看板

要制作一个项目看板，你需要在圈子举行战术会议的房间里，有一块又大又空的白板或墙面。有些团队喜欢用数字项目看板，然后在每周的战术会议上把它投影上去。项目看板简单地打上格子就行，格子上的每行表示角色，每列表示项目状态。圈子中有多少个角色，就有多少行；列则设置成 4 列，每一列代表一种项目状态。

通过项目看板，你可以一目了然地看到圈子中最相关的、正在进行的项目。

每个项目只能有一个所有者和一种状态；它始终只能位于项目看板上的一行和一列当中。每个项目都是用预期的结果表示的，并与一个角色相关联。如果没有任何一个已经定义好的角色负责这个项目，那么它就是一个"个人行动"。

第 6 章　战术会议

项目看板中包括了圈子中最相关的、正在进行的项目。它并不是圈子中所有项目的完整综述！将项目添加到项目看板中有两个原因。一个原因是项目所有者认为它与圈子中的其他成员有关，因此必须添加到项目看板中。另一个原因是有人请求将某个项目添加到项目看板中，以便更容易跟踪它的进度。

项目状态可以是以下 4 种之一："当前""等待""完成""未来"。"当前"，是指你将在未来的一周（直到下一次战术会议前）实施这个项目。如果你因为等待某件事或某个人就绪而不能继续实施某个项目，则该项目处于"等待"状态。这个状态总要涉及一个外部原因：另外一个人必须做完某件事，或者你必须等到某件事发生后才能继续。项目的"完成"状态，不言而喻：项目的预期结果已经达到。"未来"是指你打算实施这个项目，但不是在下一周。你可以把它看作你每周都要"拽"着走的"积压"项目。

在实际工作中使用项目看板

在实际工作中，项目总是在项目看板中移动。它们通常从"未来"状态开始，在某个时刻被激活（处于"当前"状态），最终移动到"完成"状态。有些项目会在"等待"状态中停留一段时间，在得到回复或者相关事件发生后，再次成为"当前"项目。

圈子运行的效率越高，项目在项目看板上的移动就越快。你甚至可以为每个项目打一个分数（例如，1 颗星到 5 颗星），然后通过计算圈子每周完成的单位数量（星星的数量）来衡量圈子的"运行速度"。

每周回顾（你和自己开的会）是在项目看板上更新自己项目的好时机。你会有意识地选择本周做什么（当前项目），不做什么（未来项目）。你可能需要将一些项目从"当前"移动到"等待"或"完成"状态，而把另一些项目从"等待"移回到"当前"或"完成"状态。

根据更新后的项目看板，圈子中的每个成员都会了解圈子的进度和优先事项。在战术会议的项目进展环节，圈子中的每个成员都要报告他们当前项目的变化。记住：这些不是简单的状态更新，而是关于自上次战术会议以来发生了什么变化的非常具体的报告（或者，如果没有变化，就说"没有变化"）。

通过项目看板，圈子中的成员可以透明地看到每个人的工作进展和优先事项。

在项目进展环节完成后，每个人都确切地知道其他人在做什么，以及他们对于正在进行的项目是如何划分优先级、如何分配工作重心的。通常，某个项目的进展或优先级会引起张力。它会被立即添加到战术会议的议程中，这样圈子就可以取得同步并确定下一步行动了。通过这种方式，你不必等到木已成舟时才提出张力。相反，你可以跟踪工作进展，几乎不间断地进行调整。为了以最好的方式使用项目看板，你只能向其中添加选定的项目。这一点很重要。如果每个人都把自己所有的项目添加到上面，那么它就失去了概述的意义，而且仅仅是项目进展环节就会用掉半小时，甚至更长时间。你只需向项目看板中添加其他人需要知道的项目，或者某人特别要求的项目。这些项目都是用预期的结果表示的,比如"发出 4 月的简报"或"清理完数据库"。如果是一个更大的、长期的项目,你最好把它分解成更小的项目。这样,项目更新环节就不会太冗长,也会更有价值。

6.4　引导员和秘书

战术会议的质量与会议的清晰性和纪律性密切相关。尽管战术会议的结构非常不同，但就像在治理会议上一样，这是引导员的工作。引导员工作的核心是根据张力，制定一个会议议程，并将它们逐一转化为明确的下步行动和项目。这些输出由秘书记录并分发。

主持战术会议

引导员以签到环节开始会议，这在合弄制中是很常见的。签到环节之后的三个环节是快速更新环节，目的是了解圈子的运行情况：清单核查、指标核查和项目进展。每一个环节的重点都是分享信息，所以不允许回应和讨论。如果有人开始回应或与另一个人开始讨论，引导员要立即打断他。澄清问题是允许的，但任何其他问题都可以添加到议程中，留待以后处理。这三个环节的目的是把相关的张力提交到会议议程上。

在制定议程环节之前，引导员会立即打断任何回应或讨论。张力会被列入议程，稍后在会议上讨论。

制定议程后，引导员要遵守两个原则处理议程事项：
1. 在规定的时间内，处理完所有议程事项；
2. 一次处理一个人的一个张力。

无论规定的时间是 45 分钟还是 60 分钟，引导员都要确保所有议程事项在规定的时间内得到处理。处理议程的顺序并不是特别重要，因为无论如何都会处理完所有事情。引导员在每个议程事项开头，都会问张力的提出者："你的需求是什么？"在张力的提出者回答了这些问题后，就有空间引入其他的角色和人员了。引导员在这里起着至关重要的作用，特别是在实施合弄制的开始阶段。如果人们通过称呼名字引入人员，那么引导员可能会介入，要求澄清希望引入的是哪个角色。战术会议是逐步训练角色意识的理想场所。在这里哪个角色有决策权？我感受到的这个张力来自我的哪个角色？我这个问题为什么会指向你？我们对彼此的期望是什么？根据我们目前的治理记录，我们是否可以这样期望？如果不能，我们可以在圈子的下一次治理会议上提出一个提案（而不是在战术会议期间在这里进行讨论）来把这件事弄清楚。引导员的工作就是不断倾听圈子的日常工作与当前的角色和职责之间的联系。每个议程事项的处理都是先澄清需求，然后确定下步行动。如果有必要，除了下步行动之外，还可以请求建立一个项目。秘书负责记录已经被接受的有关下步行动和项目的请求，包括接受这些请求的角色和人员。

引导员要确保在规定的时间内，和明确的议程提出者一起，逐一处理完所有的议程事项。

同时，引导员要确保有足够的时间来处理剩下的议程事项。如果时间紧迫，就要更专注于下步行动。如果还不够清楚张力是什么，或者需要再做些什么来解决，那么可以安排一个由相关角色参加的后续的简短会议。这样，即使有 20 个议程事项，也可以在规定的时间内完成。

战术会议的目的不是解决所有的张力，而是跟踪进展并消除障碍，以便每个人能继续他们的工作。一个团队一起讨论所有事情的细节不仅效率低下，而且违背了分布式权限的原则：每个人都是自己角色的企业家，有权作出任何决定或者采取任何行动推动他前进。

有一个好的秘书和引导员，可以极大地提高会议的质量和会议的输出。在一个高效率的圈子里，他们所做的只是偶尔提醒参与者注意会议规则，因为到那时，每个人都确切地知道对他们的期望是什么，从而可以把心思专注在会议内容上。

战术会议的目的不是当场解决所有问题，而是通过确定下步行动和项目，并把它们分配给正确的角色来跟踪工作的进展。

第 6 章 战术会议

协 调

某天早上,约翰要求所有人 9 点钟到会议室开会。9 点刚过,索拉雅、威尔、尼尔和苏珊娜就和约翰一起站在了项目看板前。苏珊娜正准备坐下,约翰叫住她,让她继续站着。

"为了开个短会,这次会议咱们站着开。"

苏珊娜叹了一口气:"好吧,还好是个短会。下次我就不穿高跟鞋来了。"

约翰先说道:"今天我要介绍一种不同类型的运营会议,叫作日常站立式短会。"

他接着解释说,这种站立式短会包括一个签到环节和一个快速更新环节。

威尔看着项目看板说:"这听起来很像是一次战术会议。二者有什么区别?"

约翰答道:"它们的区别是,首先,一个是日常的,另一个是每周一次的。其次,这个会很短,最多 10 到 15 分钟。我们也不会像在战术会议上那样进行其他环节,比如指标核查。你们可以把它看作每周战术会议和你自己日常工作之间的安全网。它能确保我们没有遗漏任何事情。"

索拉雅问道:"但真的有必要天天开这个会吗?"

约翰告诉她:"站立式短会是临时会议,不像战术会议那样必不可少。不过,如果你可以每天开的话,效果会更好。"

索拉雅又问道:"利恩和塔玛拉还没来,这有影响吗?"

"他们没来当然不够好。但即使不是所有人都在这里,开这个会也是有价值的。我建议每天在相同的时间和地点做这件事，这样你就很可能把它培养成一种习惯。边上有项目看板也会有很大帮助。"

他们完成签到环节后，就进入了更新环节。约翰解释说，这里有3个问题需要回答："你昨天做了什么？你今天打算做什么？你需要什么帮助？"

尼尔问道："就这些？"

"是的，就这些。它实际上非常简单。"

尼尔笑了："我其实天天都在做这件事，只不过是看着我自己的清单自己做。"

大家都笑了。

约翰对他说："所以，尼尔，你现在要和大家一起做这件事了。"

尼尔告诉他们，明天他要做一个汇报，关于市场推广活动的预算，所以他今天需要每个人都给他一些反馈。"我昨天就此事发了一封电子邮件。"接下来，他从威尔和苏珊娜那里得知他们今天一整天都不在办公室。

"那你们俩什么时候能给我反馈？"他问。

"我过一会儿马上做。"苏珊娜说。

* * *

站立式短会真的没超过15分钟。当尼尔走回他的办公室时，感觉神清气爽。他知道大部分团队成员今天要做什么。他一直想要发一些电子邮件询问，但现在不需要了。这可帮他省了不少时间。而且，如果什么事情要出问题了，他也能更早地

第6章 战术会议

感觉到。一封今天未回复的电子邮件，可能在很久以后才会变成问题。这是他第一次看到战术会议和站立式短会是如何帮助他掌控圈子的工作的。

但是，当尼尔晚些时候查看电子邮件时，仍然没有收到苏珊娜的反馈。汇报是在明天早上。他深吸了一口气，想知道如何在明天之前得出预算数字。电视宣传的预算是整个市场活动中最大的一块。没有它，汇报就失去了意义。

由于战术会议和站立式短会，他对每个人正在做什么都有了更多了解，但与此同时，他也很沮丧，因为他无法强迫他们为他提供信息。合弄制能帮助他解决这个问题吗？当有人没有完成他们的基本责任时，他应该怎么做？

他站起身去冲了杯咖啡。他是应该诚实地告诉拉凯什自己没有拿到他所需的全部信息，还是应该假装一切尽在掌握之中？

当他回到办公桌后，查看了他和拉凯什的日程表。也许日程已经改变了？不，看起来没有。汇报肯定定在明天。他已经推迟过一次了，不想再推迟了。无论如何，他们需要管理层的批准才能进入活动推广的下一阶段。

他决定打电话给拉凯什的秘书，询问汇报是否可以推迟到上午晚些时候进行，这样他明早就可以在第一时间拿到需要的东西了。

6.5　站立式短会

站立式短会是日常召开的会议，每次 10—15 分钟。在这个会上，圈子会就他们的工作和出现的任何张力迅速协调一致。为了保持会议简短和注意力集中，大家都是站着开会的，所以这种会议叫站立式短会。站立式短会通常在早上进行，这样大家在一天开始的时候就可以保持同步了。

如果你怕耽误时间而不开这个会，反而可能会把更多时间花在各种"短暂"的打扰，花在电子邮件和茶水间的即兴会议上。事实上，每天早上花上这样的几分钟，可以为你一整天节省很多时间。

这种类型的会议最适合那些需要紧密合作的团队，适合那些需要彼此经常沟通，无论是面对面沟通还是通过电子邮件沟通的团队。与圈子的战术会议和治理会议不同，日常的站立式短会是可选的。在你决定是否要养成习惯天天召开这种会议之前，至少尝试一两个星期！

日常的站立式短会是一个谈论圈子工作的简短的、结构化的会议。在一天开始的时候，大家迅速协调一致，可以节省很多时间。

站立式短会的结构很简单：
- 签到环节；

第 6 章 战术会议

- 更新环节。

和其他合弄制的会议一样,站立式短会以签到环节开始。因为会议很短,而且你每天都会开,所以签到环节也应该简短、温馨。你今天感觉怎么样?你脑子里正在想着什么事?签到环节后,每个人都轮流进行简短的更新。你可以使用不同的格式,但开始时可以使用下面 3 个问题:

- 你昨天做了什么?
- 你今天要做什么?
- 你需要什么帮助吗?

更新环节的目的是创造每个人工作的透明度,让每个人的工作都暴露在大家面前。这不是对彼此的工作进行微观管理,而是为你提供必要的信息来推进自己的工作。这是在团队成员之间建立牢固连接的一个最好方法。在更新环节之后,站立式短会就结束了,但你可能会发现人们经常会留下来,立即解决一些在会议中发现的张力。这是一个很好的例子,说明一开始放慢些速度,后面就可以走得更快!

第 7 章

分布式领导力

第7章 分布式领导力

争 吵

第二天早上,尼尔仍然没有收到苏珊娜的任何回复。她也没有参加站立式短会。当他走进她的办公室时,她正在手机上打字。

"你有空吗?"他问道。

她没有回答。她没听见吗?

"你有空吗?"尼尔又问了一遍。

"我能听见,我又不是聋子。我得把这条短信写完,好吗?"苏珊娜不耐烦地回答。

尼尔在一旁等着。

"好了。什么事?"

尼尔说:"你能给我一个预算的大概估算吗?我这几天一直在向你要。"

"对不起,我真的很忙。"

尼尔的语气很着急:"我现在真的需要它。我今天就要做汇报。"

苏珊娜向下翻了翻她的电子邮件。"看来广告公司还没有给我数据。"

尼尔深吸了一口气,保持冷静。

"苏珊娜,这不是我第一次向你要东西却没有得到了。我也需要依赖其他人的基本责任,每个人都一样。"

苏珊娜假装惊讶地扬起眉毛:"哦,基本责任,合弄制还有那些东西,一切都好极了。不过我正在筹备一个北美的市场推广活动，而且我们区域的推广活动也还在进行当中。"

尼尔叹了口气："我们都很忙，苏珊娜。但你至少能给我一些你的项目和费用的大概估算吧？"

"听着，如果我必须一直跟进你对信息的要求，我就永远无法抽出时间来做任何实际的工作。我知道我在干什么。"

尼尔现在真的生气了。"也许你知道，但我完全不知道。"接着，他稍微平静了些，说道，"它们全在你的脑子里，别人看不见。"

苏珊娜激动地回答道："你听我说！我在这行干了快十年了，从来没有被这样对待过，一直这样被打扰。我上周给你发了一些东西，对吧？难道你不能用它们自己算出来吗？"

尼尔平静地说："那些材料不完整。每次我需要你的信息时，我都得追着你要。你什么都不告诉别人。你很特殊吗？我们都要承担责任，就你不用？"

"你知道吗？如果你继续这样喋喋不休，那就随你的便。我受够了。自从上次改组以来，情况一直在走下坡路。我才不在乎你要的那些数字呢。"

苏珊娜气冲冲地走出房间，留下尼尔站在那里，一句话也说不出来。

* * *

尼尔走回办公室，感到十分头疼。如果苏珊娜撂挑子不干了，他们都会碰到大麻烦。他要怎么向拉凯什和丹尼斯解释？说他们根本无法应付这个项目？说两个月过去了，现在已经完全失控了？或者说他无法掌控自己的团队？不，他不能这样做。

第7章 分布式领导力

苏珊娜很专业,她认识很多业内人士,也很受尊敬。他需要她的帮助把这件事做成。但她就是没办法合作。他们刚刚依靠会议的节奏取得了一些进展,刚能够控制住一些事情,但现在哪里出了问题呢?

尼尔盯着电脑屏幕。已经10点了,离汇报还有一小时。怎么办?也许约翰有主意。他拿起电话,拨通了约翰的号码。

"嗨,约翰,现在说话方便吗?太好了。我刚和苏珊娜大吵了一架,现在看来市场活动可能要失败了。在合弄制中,有什么办法可以帮助我解决这个问题吗?"

约翰沉默着。有那么一会儿,尼尔差点怀疑那头是不是掉线了。终于,他说话了:"说实话,尼尔,合弄制并不能解决所有问题。它只是让已经存在的问题浮出水面,这样你就可以处理它们。合弄制并不是解决所有事情的灵丹妙药。"

尼尔有点慌了神,说:"所以我只能靠自己了?"

"你看,如果没有合弄制,你和苏珊娜之间的事也会发生,只不过需要更长时间。"

尼尔站起来走到窗前。"我原来以为,合弄制可以帮助团队解决内部冲突。结果,并没有解决,对不对?"

约翰平静地回答道:"尼尔,解决冲突没那么容易。如果你担任一个角色——比如你担任的引导链接这个角色,这个角色感到了张力,你就必须负起责任,去解决它……如果你认为自己可以袖手旁观,让系统自己解决问题,那你就不要抱太大希望。"

尼尔慢慢体会这些话:"你是说我必须表现出领导力吗?"

约翰反将一军:"我不太清楚你说的领导力是什么意思。"

"嗯，我的意思是正式和苏珊娜谈一次。"

"这是看待领导力的一种方式。但这样一来，你就把这个问题个人化了。"

"你这话是什么意思？"

"好吧，举个例子，你刚才谈到'我的问题'，还有'我和她大吵了一架'。当你这样说话时，你就落入了英雄式领导风格的陷阱。还记得我们谈过这件事吗？"

"就是把一切都扛在自己肩上。"

"完全正确。"

"但这件事不一样。这是我和苏珊娜之间的事！"

约翰说："不，我要告诉你的是，这不是你和苏珊娜之间的事。你感到这个张力，是因为你担任着某个特定的角色。如果你没有担任这个角色，你可能就不会与苏珊娜发生争吵。"

"这倒是真的。在我成为经理之前，我们相处得很好。我以前很喜欢和她一起工作。"

"但是现在，作为引导链接，你必须负起责任来，为这个张力做些什么。这不是你能放着不管的张力。"

"好吧。那么下一步该怎么办？"

"做我刚才说的：处理你的张力。"

问　责

当天上午晚些时候，尼尔即将开始向高级管理层汇报北美市场推广活动的最新进展了。他感到紧张，因为他的预算需要他们批准，而拉凯什一向喜欢问一些非常详细的问题。他把笔

第7章 分布式领导力

记本电脑连接到投影仪上,准备开始。

拉凯什看了看手表。"我们没有太多时间,尼尔,所以我希望你能尽快告诉我们最新的情况。"

刚讲完第二张幻灯片,拉凯什就开始连珠炮似的发问:"广告公司交付的产品是什么?你打算如何把预算控制住?"

尼尔感到胃里一阵痉挛。他一直盯着笔记本电脑,解释整合各种媒体的复杂性,以及这次活动和他们以往的有何不同。

拉凯什严厉地看着他,"我敢肯定它很复杂,但这并没有回答我的问题。"

"我还在等最后的数字……"尼尔试图避开拉凯什的目光。他想说苏珊娜不合作,但在最后一刻他收回了自己的话。他不想找借口。

拉凯什说:"尼尔,看起来你并没有完全掌控局面。我没想到会这样,特别是没想到你会这样。我希望你继续和团队沟通,确保下周让我们看到必要的数据。我相信你能理解,没有这些数据我们无法进行下去。"

* * *

回到办公桌前,尼尔很难集中起注意力;他感到全身紧张。一切似乎都失控了。整件事正在变成一场真正的灾难!他站起来冲了杯咖啡,走到窗前。外面大雨倾盆而下。

他不想继续为苏珊娜背锅了。但接下来呢?他们为这次市场活动投入太多了,不能放弃。苏珊娜的工作和以往一样:有创造力,但杂乱无章。而且看起来她不愿意改变这一点。而正是这一点,开始给他们带来了一些真正的麻烦。

同时，她的专业知识对团队也很重要。直到现在，他一直认为保护团队成员是他的工作，而这通常意味着他要替他们背锅。现在，他回想起约翰今天早上说过的话——如果这个张力属于他的角色，那么他有责任对此做些什么。但是做些什么呢？威胁解雇她，大幅度降低她的奖金，处分她？如果一个人不想做某件事，他又怎么能让他做这件事呢？

好吧，尼尔，先停一下，先别像经理那样思考。你是引导链接。

他再次坐回办公桌前，查阅引导链接的描述。这个角色的责任之一是："为人们分配角色，监控是否合适，提供反馈帮助人们更适合这个角色，并在必要时将这个角色重新分配给更合适的人。"就是这样，非常清楚。他深吸了一口气，终于平静下来：他知道自己现在该怎么做了。

第7章 分布式领导力

7.1 合弄制中的引导链接

尼尔很纠结。作为经理,他对团队的表现和"他的"员工负有最终责任。而他仍然在探索自己的新角色——引导链接:人们对他的期望是什么?哪些责任他不用再承担?而且,担任"引导链接"究竟意味着什么?他应该成为一个怎样的领导者?

领导力:这是向合弄制转型过程中最难的,同时也是最重要的话题之一。

尤其需要说明的是,这个词在合弄制中的含义与在传统组织中的不同。"领导力"这个词一般是指一系列的个人特质,它通常与"管理"不同,管理的重点是放在控制上的。和管理相比,领导力可以在正式的职位或角色之外,以更个人的形式表现出来。

在合弄制中,情况恰恰相反:领导力和角色密不可分。而且还不仅是核心角色(比如团队领导或经理担任的角色)拥有权限,而是所有在治理会议上定义好的角色都拥有权限。这样创建出的结构可以称为"分布式领导力"结构。不仅是经理,每个人在各自的角色和职责范围内都可以行使领导力。因此,根据定义,合弄制中的领导力是"角色领导力"。

在合弄制中,领导力是分布式的:每个人在自己的角色和职责范围内行使领导力。

不过，如果你是在自己的角色之外做一个领导者呢？在传统组织中，这被认为是领导力的精髓：即使（或者特别是）在无法提出正式期望或要求的情况下，也要勇于承担责任。这种"英雄行为"通常被认为是积极的，被认为是你高度投入并"对公司充满热情"的标志。然而，从合弄制的角度看，这种类型的行为是有代价的：每次你采取个人行动（在你的角色之外的行动），你就剥夺了组织以更持久、更结构化的方式创造更多清晰度的机会。你的方法是更个人化的、更临时的方法。当不清楚谁应该负责这件事的时候，你承担了责任。这会让张力暂时消失，直到下一次出现类似的事情，并且再一次不清楚谁应该负责这件事的时候，问题还在那里。

当然，解决问题和帮助组织都是好事。个人行动没有错。但如果它成为一种模式，成为你经常做的事情，那么你就陷入了"英雄式领导力"的陷阱。这种类型的领导力与合弄制中的角色领导力正好相反。而更好的做法是说"这不是我的角色负责的事"，并把这个张力带到下一次的治理会议上。根据张力的紧急程度，你完全有理由在短期内采取个人行动解决它。但是将它带到治理会议上，你可以通过澄清哪个角色对此负责，确保你从长远的角度解决这个问题。这消除了英雄式领导力的必要性，因为它现在成了圈子中角色结构的一部分。是的，我们仍然需要领导力，但它现在嵌入了一个明确的、持续性的角色当中！

英雄式领导力与分布式领导力正好相反，它剥夺了组织以结构性的方式，创造出清晰的角色的机会。

第 7 章 分布式领导力

领导力和引导链接

你可能想知道这一切如何适用于引导链接这个角色。毕竟，引导链接这个词里有"引导"两个字。难道它不就是"领导"或"经理"的另一种说法吗？这是个很难回答的问题。的确，引导链接引导一个圈子；但它并不管理或领导圈子里的人。在合弄制中，我们区分了角色和担任角色的人，以及圈子和团队。圈子由角色组成，而团队由人组成。基于这个区别，引导链接并不领导人和团队，而只是引导圈子。在圈子中，人们各自领导各自的角色。这是一个微妙但至关重要的区别，它构成了我们对领导力的传统看法范式的转变。

> 引导链接并不领导人，而是引导圈子。在这个圈子中，人们各自领导各自的角色。

以前经理拥有的各种权限被分布到定义清晰的角色当中。现在每个人都在行使领导力，只不过他们领导的是他们的角色和他们自己，而不是其他人。引导链接的工作是创造条件，让人们更好地领导自己的角色，为圈子的目标服务。

引导链接决定谁留在圈子里。如果需要，也可以将人从圈子里移除。这与聘用以及解雇人员是不同的：这是要定义并分配给某个特定角色的责任。例如，你可以向治理会议提出一个提案，创建一个负责此事的角色——人事角色。无论你做什么，请记住，与经理不同，引导链接永远不能负责招聘、解雇、评估和奖励员工这些事。

当人们领导自己的角色，并且圈子的表现良好时，引导链接就会很高兴。事实上，担任这个角色可能只需要很少的时间，因为引导链接在圈子里并不做任何日常工作。请记住,担任引导链接的人,也可以担任圈子中其他负责日常工作的角色。在这种情况下,这个人确实会做日常工作——但不是出于他的引导链接的角色!

另一种看待这个问题的方式是,引导链接要不断努力让自己变得多余,让圈子通过它的各种角色自主地完成工作。对于一个曾担任经理的人来说,适应引导链接这个角色可能需要一些时间。这更像一个遗忘的过程,而不是学习的过程。尤其是当一位经理经常愿意"照顾""他的"员工,并激励和管理那些现在已经能够自我管理的员工时,更是如此。一开始,引导链接真的要学会克制和放手,然后才会看清楚需要引导的方向。但这个方向必须专注于圈子的工作,而不是人员和团队。因此,在从传统领导力到分布式领导力的转变过程中,引导链接发挥着关键作用(无论是好是坏)。

第7章　分布式领导力

震　惊

第二天早上，尼尔找到苏珊娜。

"我就开门见山吧。"当他们面对面地坐下来后，尼尔说。他向她讲述了自己昨天向管理层汇报时的糟糕表现，"昨天我觉得自己就像个十足的傻瓜。"

苏珊娜的脸红了。

尼尔信心十足地继续说："苏珊娜，你看，我们所有人已经开始以不同的方式做事了。这对你来说可能有一些不便，但提供一些基本的透明度是你工作的一部分。"

"哦，太棒了，你现在又要来跟我说教那些该死的角色了？"

尼尔深吸了一口气："你在自己的角色上完成工作的方法，让我很难干好我的角色。这意味着我们没有实现圈子的目标。"

"我很清楚自己在做什么。"

"我们说的不是这个问题，苏珊娜。你真的很擅长你的工作，对此我没有任何疑问。但你保留了所有的信息，不和别人分享。如果我需要你提供信息，我必须追着要几次才能得到。这是不行的。"

"我不知道……"苏珊娜有些犹豫，"自从上次重组以来，确实发生了一些变化。在那之前，我们对数字并不那么敏感。现在我们有一半的时间都花在汇报上。"

"去年的风险没有这么高，"尼尔告诉她，"预算充裕，一切皆有可能。但你也很清楚，现在已经不是过去了。现在市场上有很多对我们来讲非常重要的机会，但我们必须更快地行动，才能抓住它们。几个月以后，我们必须交出一些令人瞩目的成果。"

"对不起，尼尔，但我现在必须说点什么。自从你成了经理，事情就开始出错了。我们曾经是一个紧密团结的团队，我们已经准备好迎接任何挑战了。而现在，我们整天坐在一起开会，讨论圈子和角色，而且什么变化都没有……说实话，我对此已经没有兴趣了。"

"你这话是什么意思？"

"好吧，首先你推出了工作量计划表——顺便说一句，我从来没有填过它。然后你改变了所有的开会方式，我必须向整个团队证明我做的事情是合理的。"

"并不是要让你证明自己做的事情；我们需要的只是你工作的一些基本透明度。这不是一回事。"

"事情不能这样，尼尔，我从来没有像现在这样工作过。你想让我做的事情，我做不到。"苏珊娜深吸了一口气，看着尼尔。在那一刻，他瞥见了那个精力充沛、富有创造力的苏珊娜，他曾经在下班后和她在酒吧里畅谈。

"有件事我要告诉你……我还没做决定呢。但也许我已经决定了。我在亚特兰大一家电影公司得到了一个工作的机会。那是我的一个朋友自己开的公司。这份工作是我一直以来的梦想。"

尼尔吃了一惊："可我们的市场活动怎么办？"

"嗯，我想过这个问题，当然了。但是……我在这里已经有段时间不开心了。这不是针对哪个人的。"

"你的意思是？"

第7章 分布式领导力

"如果我待在这里,一直感到沮丧,对任何人都没有任何好处。"

"你希望离开?"

"实话实说,是的,我希望离开。"

"你的意思是马上?"

"他们已经开始拍电影了。"

"所以你要马上离开?!"

"如果可以的话,我这周就会飞到佐治亚州去。"

* * *

尼尔抓起夹克,走出办公室,朝海边走去。他很多年前就戒烟了,但他现在不介意抽一支。他真蠢,竟然没有预见到这一切。天啊,这事发生得真不是时候。市场活动的准备工作正在进入最后阶段。他们还有一个半月的时间把所有东西都准备好,而他们现在落后于计划。

他应该怎么办?

他脑子里乱糟糟的。放弃整个计划?不,这是不可能的。辞职?然后错过职业生涯最好的机会?不,绝对不行。强迫苏珊娜留下来?这不会有任何效果。她的工作方法绝对是个问题。雇一个新的苏珊娜?这可能有帮助,但你到哪里去找这么有经验的人,还要在这么短的时间内办到?

想到苏珊娜一意孤行,令人如此失望,他就越发生气。但他后来想起了约翰说的角色和人之间的区别。他能看出一点她为什么会这样做。苏珊娜总是被电影和电视的魅力所吸引。那才是她喜欢的事情。事实上,实施了合弄制以后,她对一些角色和职责的厌倦才变得愈加明显。

作为引导链接,尼尔感到了很大的张力。他经常抽搐的胃都能感觉到。他应该亲自接手她的工作吗?他很快打消了这个念头。他的工作时间已经超过了自己的承受范围。

快步走了5分钟后,他开始平静下来。他拿出手机,打给约翰,告诉他发生了什么。但他还没来得及说完,约翰就打断了他:"尼尔,你需要简短一点,我正要去开会。"

"……我在想怎样才能找到一个新的苏珊娜。"尼尔绝望地喊道。

"你问错了问题。"

"你这话是什么意思?"

"别把它想成是和人有关的事情。想一想角色。"

"我不明白。"

"在你急着招人之前,好好想一想她担任的角色……我得挂了,对不起,我们以后再谈。"约翰挂断了电话。

"想一想角色,好吧……"尼尔一边走回办公室,一边低声嘟囔着。当他再次坐在电脑前面时,他打开了网页,团队的角色都在上面记录着。他点击了"概况",然后点击"苏珊娜"。她的角色列表出现在屏幕上。一看到这个角色列表,他就平静下来了。是的,当然了,作为引导链接,他有权分配团队的角色,并在必要时重新分配。但他应该怎么做这件事呢?召集会议?也许吧。他再次看向屏幕,把角色想象成帽子,每顶帽子都有不同的颜色。他把每个角色的名字写在便利贴上,然后在桌子上移动它们。他感到了一种孩子气的喜悦,就像在玩拼图一样。他的脸上突然露出了笑容。是的!这样做就可以!

7.2 合弄制适合每一个人吗？

合弄制提供了很多自由，但也附带了很多责任。合弄制明确了彼此的期望，提高了速度和生产力。它具有足够的灵活性，适合许多不同的行业和环境。但这并不意味着合弄制适合所有组织、所有团队，当然也不一定适合所有个人。这一点从尼尔和苏珊娜的互动中已经看得很清楚了。对合弄制的精髓最好的概括就是分布式权限。经理不再是中央权威，不再决定每个人应该做什么以及如何去做。

相反，现在的职责和权限分布在角色当中。这些角色是在定期召开的治理会议中按照严格的程序定义的。当你担任一个角色时，你可以按照自己的方式履行责任。没有任何人可以告诉你应该怎么做，包括引导链接。

作为引导链接（或其他任何人），你能做的就是要求一个角色提供透明度，包括他们正在做什么、项目当前的状态是什么，以及他们设定的优先级是什么。每个人，包括引导链接，都可以向治理会议提出提案，要求改变或澄清对一个角色的期望。如果你习惯了凡事都听经理的，那么合弄制将对整个系统造成不小的冲击。如果你是一名经理，那么你要做的就是放手——真正地放手，不是委托，而是真正地把职责和权限分配下去，不去控制，相信合弄制会为你提供一种新的方式，行使你的领导力。也许你必须放弃的是一种控制的幻觉，而得到的是另一种控制，这种控制建立在透明度的基础上，这样你总能知道圈子的运行情况，从而更早、更容易地改变方向。

如果你不是一名经理，那么你面对的挑战就是真正领导和承担起你的角色。除了履行责任外，你现在有完全的自主权决定如何担任好你的角色。你想要得到什么结果？你优先考虑的事情是什么？你从哪里开始？你需要从别人那里得到什么帮助？在合弄制中，不管是想躲在你的经理、你的同事背后，还是躲在"很忙"的借口背后，你都很难躲起来。透明度是一柄双刃剑：你可以更清楚地了解别人在做什么，他们的优先事项是什么，但你自己的项目进展和优先事项其他人同样能看到——有时这会变得相当具有挑战性。

分布式权限和透明度并不是什么"一信就灵"的模糊概念。它们是建立在《合弄制章程》上的基本规则。要求现任的掌权者在章程上签名不仅是一种仪式，它实际上是将权限转移到了章程中的一整套规则当中，特别是转移到了圈子的治理会议中。在治理会议中，权限得到进一步定义和分配。实施合弄制改变了团队或组织的权力结构。从这一刻起，合弄制的基本规则生效，没有人可以凌驾于这些规则之上，包括（前）经理。你几乎可以把它比作国王或女王自愿放弃他们的权力。如果你意识到，在当今各种组织的现代化外观背后，仍然存在着一种与我们已经远远抛在身后的封建式的权力结构惊人相似的结构，你就会发现这个比喻是多么令人震惊！

第 7 章　分布式领导力

调　整

尼尔和塔玛拉、利恩以及威尔坐在会议室中。尼尔告诉他们苏珊娜已经决定离职了。同事们听到这个消息都很震惊。

"什么？她要离职了？什么时候？"

"出了什么事？"

尼尔不慌不忙地向他们讲述了他知道的事情。

"归根结底，这是她的决定。"他最后说。

塔玛拉说："现在想想，我倒没有那么惊讶了。她是一个喜欢自己做事的人。"

利恩看起来有些担心。"但这意味着我们碰到麻烦了，不是吗？谁来接手她的工作？"

塔玛拉看着尼尔。"我已经超负荷工作了，我实在干不了更多的事情了。我们就不能再招一个人吗？"

尼尔对大家说："我想过了，这可能是我们最终要做的事情。不过我们要花上一个月的时间，才能找到合适的人选。所以我在想，为什么不试试别的办法呢？"

威尔靠在椅子上："好吧，让我们听听。"

尼尔解释道："作为引导链接，我的工作就是找出最适合圈子里每个角色的人选。所以我想，让我们先看看目前的角色分工。我已经做了一些准备工作。"

他走到墙边，把他之前准备好的便利贴贴在墙上。其他人默默地看着他。

"在不考虑现状的情况下，看看这些便利贴。哪个角色适合你？"

通过移动便利贴并进行了几次简短的讨论后，他们在不到半小时的时间内，想出了分配圈子角色的新方法。

利恩说："我注意到苏珊娜担任了很多角色，主要是因为她以前做过这方面工作。但她并不一定是每个角色的最佳人选。例如，我认为公关角色更适合和我现在的工作结合起来。作为文案，我一直写宣传文章，而且在镜头前我也不紧张。"

尼尔点头表示同意。"我喜欢这样，利恩。你说得对。担任哪个角色并不是看这个人以前碰巧做过什么，而是要尽可能地利用圈子里的人才和专业知识。"

在会议结束时，苏珊娜的大部分角色已经在团队中重新分配了。只剩下一个角色。

尼尔说："我想我们可以雇一个自由职业者来做这件事。这可以真正降低我们的成本，为其他事情腾出大量预算。"

"哇，我们真的高估了苏珊娜的能力，"塔玛拉笑着说，"或者低估了我们自己的！"

* * *

会议结束后，尼尔如释重负。看起来他不需要雇用新的员工，至少在短期内不需要。他在考虑该如何向人力资源部门解释这种情况。他不太担心拉凯什那边，只要能省钱，他总会很高兴。

而且，他也想知道该如何招聘自由职业者。他招聘过一些员工，要付出很大努力为每个职位挑选最好的人，要有很多的候选人，也有很多轮面试。现在他意识到，如果他首先关注的是需要填补的具体角色，他会做得更好。

最让尼尔惊讶的是，他对苏珊娜的离开似乎无动于衷。是因为他不关心她吗？还是因为他只关心结果？不，不是这样的。他由衷地祝福她。起初他很沮丧，因为在那一刻，一切似乎都要分崩离析了。但现在一切都平静下来，他真诚地希望苏珊娜能在电影行业取得成功。

虽然并不总是表现出来，但尼尔确实关心团队的每一个成员。这是合弄制的一个奇怪之处。从表面上看，它似乎没有人情味儿，但实际上，它为个人联系创造了更多的而不是更少的空间。看到会议这么成功，他受到鼓舞，开始相信他们最终能够成功了。

之后的一周，整个团队都被工作淹没了。每天的站立式短会和每周的战术会议帮助团队成员保持同步。更新环节变得越来越有价值。听到彼此的进展，会为他们提供额外的动力来推动自己的工作。通过调查发现，这次活动并没有吸引到所有的目标人群。他们在战术会议上讨论这个问题，并为调整战略确定了一系列的下步行动。不过，距离活动推出只剩一个月了。下周一，尼尔要向管理层汇报工作。他一定要好好准备：拉凯什相当知道如何施加压力……

转折点

现在是6月初，气温急剧上升。空气中弥漫着夏天的气息。路边的咖啡馆里挤满了游客。前几个月的湿冷已成为遥远的记忆。

尼尔下午沿着海滨散步。太阳照在他的脸上，暖洋洋的。当他回到办公室时，心里想的都是他要向管理层做的汇报。他们要了解他的团队在筹备市场活动中的进展，他们将要做的决定事关重大。这一次他们会面临很大的挑战。

当所有人都在长长的会议桌旁坐下后，拉凯什宣布会议开始。

"尼尔，告诉我们你的市场活动准备得如何。"

尼尔先概述了一下这次活动的目标，但还没等他热好身，拉凯什就打断了他。这是一个相当令人不快的习惯，但现在似乎每个人都认为这是正常的。

"我记得目标。但你告诉过我7月1号这个最后期限会有问题。现在还是这样吗？"

"是的。我可以解释得更详细一些，但总而言之，我们做不到。"尼尔说。

"让我们把7月4日前后一周的假期考虑进去——我认为到10号还是可以的。至少这是上次和丹尼斯谈话时我理解的他的意思。但是，我希望你能保证，我们在这个最后期限前能够推出整个活动。"

这正是尼尔担心的。拉凯什总是这样设定最后期限。他已经下定了决心，现在只等尼尔确认这份"协议"了。他们玩过多少次这个游戏了？

"拉凯什，我准备好可以向你展示的是，我们认为在每一个地区分别推出这场活动的详细估算。但我无法给你一个确切的最后期限。如果我这么做了，我对自己和对你的保证就都是空话。这个项目有很多变动的部分，无论我现在告诉你什么，到下周都有可能重新调整。"

尼尔环视了一下房间，看到很多人都皱着眉头。拉凯什不自在地笑了笑。

"你不是认真的吧？听着，我们对丹尼斯做过保证。这里面牵涉很多钱。我需要的是一个严格的最后期限，而不是什么狗屁估算。"

尼尔看到他担心的事正在发生，深吸了一口气。不要上当，保持冷静。

"我给不了你一个严格的最后期限。"

"那我们就有麻烦了。"拉凯什生硬地说道。

"如果你想要一个日期，我可以给你一个：8月1日。这个怎么样？"

"你能确保这个日期吗？"

"不，我当然不能。"

"听着，我不可能这样告诉客户。我希望你和你的团队沟通，带着一个严格的最后期限回来。"

拉凯什的话在空中盘旋。所有人都没有说话。尼尔看了看他面前桌子上打印出来的汇报稿。他们甚至都没有看过一眼他下了很大功夫做的详细分析。是时候和拉凯什摊牌了吗？他握紧了拳头，看着拉凯什的眼睛。

"你到底想要什么？"

"你说什么？"

"这些最后期限只是我们欺骗自己的一种方式。无论如何，我们总是要做调整。这就是你想要的吗？"尼尔的声音现在平静多了。

"听着,拉凯什,我准备了一份报告,会告诉你我们现在的情况,以及每个地区的现状。我只要求你听我说完。"

房间里响起一阵窃窃私语的声音。接着,拉凯什冷冷地说道:"好吧,那就让我们听听吧。"

在接下来的半小时里,尼尔为他们详细介绍了团队的调查结果。结果显示,这项活动在一些地区可能起不到效果,至少以目前的形式起不到效果。

"早些时候我们向广告公司发出的简报并不是基于最新的信息。它只是我们'编造'出来的东西,就像我们在这里编造出来的各种与现实无关的东西一样。"

"我记得这件事,但我想那是因为我们必须迅速行动。"拉凯什看了看他的笔记。当尼尔讲完最后一张幻灯片并结束汇报时,他又抬起头来。

"谢谢。我不得不说,你的分析让我印象深刻。它让我们看到了市场活动的清晰图景,而且我相信你说的8月1日更现实一些。我不想食言,但我愿意给丹尼斯打个电话,好好谈谈。"

拉凯什抓起手机,走出会议室。5分钟后,他回来了,脸色有点苍白:"他们不接受延期。一天也不接受。"

7.3 动态操作

看起来，尼尔和拉凯什发生了一些冲突，但他们的冲突并不针对个人。这是两种管理模式之间的冲突。拉凯什根据计划和最后期限进行管理，而尼尔越来越认识到透明度以及不断进行调整的力量。在合弄制中，这被称为"动态操作"，它的灵感来自软件开发中的敏捷性原则。

传统上，软件开发需要做大量的前期计划，然后以一种高度可控的方式来执行。敏捷方法则是一种完全不同的方法：快速创建一个可行的版本，然后进行现场测试（对于软件来说，这通常意味着让最终用户试着使用它）。接着，人们使用获得的反馈立即调整软件。通过这种方式，你可以在较短的时间周期内，以较低的成本实现最终的结果。

许多公司现在发现，你也可以在软件世界之外使用这种方法。使用合弄制，你可以将敏捷原则应用到组织本身。你可以不用设计圈子和角色的组织结构（这在敏捷原则中，称为"前期深度设计"），而是快速创建一个可行的结构，然后根据张力对它不断进行调整。同样的逻辑也适用于圈子和角色的工作方式：先拿出一个快速的、可行的解决方案，然后不断进行调整。

动态操作意味着作出快速、可行的决策，然后根据真实数据进行测试和调整。

如果你像拉凯什一样习惯了"预测和控制"模式，动态操作可能会让你感到失控。你如何管理这样一个过程？你怎么知道你能不能达到目标？最重要的是，计划和控制会给你一种一切尽在掌握之中的幻觉。在复杂、动荡的环境中，预测和控制模式很快就会失效。更好的做法是在信息不完整的情况下先作出可行的决定，然后根据尝试后得到的反馈进行调整。

事实上，动态操作只会给你更多的控制，而不是更少的控制。

动态操作并不是无序和混乱——"我们先随便拿个东西试试，不行再改。"事实远非如此：比起预测和控制，动态操作反而需要更多的纪律！首先，它要求在项目进展和优先事项方面完全公开。如果缺乏透明度，你会错过作出必要调整所需要的重要信息。此外，动态操作要求你缩短工作周期，而不是去预测未来。

看得远一点并没有什么错，但是现实总会让你的计划落空！如果你每年做一次计划，那么你在这个过程中进行调整的灵活性就会很少。合弄制用一系列更短的、更可靠的周期取代了它。对于日常工作来讲，这个周期可以短至一天（站立式短会）或一周（战术会议）。角色和职责可以以一个月为周期进行调整（治理会议）。另外，对于一个圈子的战略，调整周期平均为3—6个月。

动态操作只有在圈子当前的情况高度透明，可以触发持续的调整时才能发挥作用。

在很大程度上，我们仍然生活和工作在一个"预测和控制"

的世界里。制定预算、周期性计划和会计系统,以及雇佣合同、绩效评估、职位描述和薪酬系统:它们都是基于预测和控制模式的。人们正在进行着一些激动人心的实验,为这些领域带来更多的透明度和灵活性。这里可能不是详细讨论它们的地方,但仔细研究一下你自己的组织可能是有价值的。你能看到更多的动态操作的机会吗?你可以缩短哪些周期?如何提高透明度,以便进行不断的调整?在任何情况下,合弄制都为你提供了一个内置动态操作功能的"操作系统"!

方　案

尼尔下了出租车，抬头看了看。再过几分钟，他就会在大楼上面的某个地方，俯瞰滨河风景了。在向管理层汇报完工作后，他和拉凯什立即订了去波特兰的机票，他们要和丹尼斯开一次紧急会议。当他们走出电梯时，一位秘书迎上来，把他们带进一间会议室里。丹尼斯坐在长长的椭圆形桌子的一头，董事会成员坐在他的两侧。

"欢迎，欢迎。我们迫不及待地想听听你们要告诉我们什么。"

尼尔看着拉凯什："这次由我来谈吗？"

拉凯什点点头："开始吧。"

尼尔走到房间前面，开始了他的汇报。在大约半小时的时间里，他向他们详细介绍了加拿大、美国和墨西哥的市场推广活动的准备情况，并根据最新的统计数据进行了预测。他说完之后是一片沉默，只有丹尼斯的笔在纸上划过的声音打破了寂静。

丹尼斯抬起头，说："这意味着……"

尼尔深吸了一口气，说："这意味着7月1日的最后期限将很难实现。"

桌子另一边有些人在窃窃私语。

丹尼斯看起来有些不安。"先生们，我们不是这么说的。你们作出了保证。我们希望你们能履行诺言。你们打算怎么解决这个问题呢？"

第7章 分布式领导力

这正是尼尔担心的情况。丹尼斯又把球踢了回来。他瞥了拉凯什一眼,然后向前迈了一步。

"是的,我们当时同意了你雄心勃勃的计划。但当我们开始为市场活动做准备时,我们学到了很多新的东西。例如,我们已经签约了一家新的网络代理商,我们更好地了解了可以在网上做些什么。在一些地区,我们得到的初步结果超过了预期。"

这引起了丹尼斯的注意,"哪个地区?"

"尤其是在加拿大,以及美国的西北和西南部。但在墨西哥和美国东部,效果就没有这么好了。"

尼尔越来越有信心了。他停顿了一会儿,继续说:"丹尼斯,我们刚刚向你介绍的是我们目前的情况。但对你来说什么是最重要的?"

"为什么问这个问题?"

尼尔答道:"在过去几个月里,我们改变了工作方式。我们现在能够更加迅速地对变化和机会作出反应。所以,如果知道你的优先事项是什么,我们就能根据它作出相应的调整。"

丹尼斯在椅子上直起了身体。

"好吧,既然你问到这儿了。我们的首要任务是在加拿大和美国西北部地区推出这个活动,因为我们在那里已经全面铺开了业务。"

"好的。那么,我是否可以认为,你们在美国东部目前还没有完全展开业务?"

丹尼斯叹了一口气:"嗯……没有完全展开。但我们正在夜以继日地工作。"

尼尔翻看着他的文件。

"事实上,这样正好。因为根据我们的数据,你们的优先地区也是我们可以按时推出市场活动的地区。我们可以在7月1日推出这次活动。"他和拉凯什交换了一下眼神,拉凯什点了点头。

"那么,我建议我们从7月1日开始在这些地区推出市场活动,然后在其他地区逐步推出。如果我们密切合作,可以确保你们在每个地区的运营情况到位后,就立即推出这个活动。"

尼尔第一次在丹尼斯的脸上看到了一丝微笑。他花了一点时间和他的同事们商量,然后回头看着尼尔说:

"那么,我们就说定了。"

轻　松

尼尔很高兴,他们终于和波特兰的客户达成了新的共识。会后,他们又和丹尼斯多谈了一会儿。他们同意每周举行一次电话会议,了解彼此最新的进展。

尼尔和他的团队在整个6月里都在努力工作。他们继续从新的网络代理商那里学习,更多地和电视媒体整合,把市场活动提升到了一个新的档次。而且和波特兰客户的持续联系让他们的工作更能抓住重点。

尽管很忙,但尼尔的部门变得安静多了。有些时候,他们的专注几乎是一目了然的。每天上午9点整,所有在办公室的人都会聚在一起开一个站立式短会。每周的战术会议已经成为习惯,每个人都很依赖它。虽然约翰最初花了一些时间帮助索拉雅,但她现在已经是一名称职的引导员了,在圈子的战术会

第7章 分布式领导力

议和治理会议上把控得很好。

* * *

7月1日下午5点整,这次市场推广活动在加拿大和美国西北部地区正式启动。在西雅图的办公室里,人们组织了一场发布会。天气很暖和,有人放了一些音乐,人们在花园里浅酌。网站在一小时前上线,但在第一个商业广告播出后,由于访问量巨大,网站几乎崩溃。幸运的是,塔玛拉预见到了这一点,为网站配备了大量额外的服务器。尼尔正在外面和约翰说话,这时他的电话响了。他听不清是谁,就走进了办公室里。

"哦,丹尼斯,是你。"

"我们碰到问题了。"

尼尔的心跳停了一拍。

"问题?"

丹尼斯笑着说:"我们的客户服务部已经应付不了打进来的所有电话了!"

尼尔松了一口气:"这确实是个严重的问题。"

丹尼斯说:"尼尔,恭喜你。我必须说,你们的团队工作很出色,我期待着继续与你们合作。"

尼尔由衷感谢丹尼斯的赞美。

他真是松了一口气!他感到几个月辛苦工作带来的疲劳感逐渐消失了。他走回花园,在临时搭建的酒吧里,遇到了拉凯什。拉凯什手里拿着瓶啤酒,举了起来,给了他一个灿烂的微笑:"祝贺你,尼尔!干得好!"

"这是团队的功劳,不是我个人的。"

拉凯什回答说："是的，你当然会这么说。但这是你应得的荣誉。"

"谢谢，拉凯什，但我说的是实话。这不仅是我一个人的成就。"

拉凯什点点头。"嗯，不管怎样都很棒。为你们的团队干杯！"

音乐响了起来。拉凯什向尼尔靠近了一点。

"你知道吗，实话告诉你，有一段时间我对你做的事情感到怀疑，尤其是苏珊娜走后，我真的很困惑。"

"我完全能够理解。"

"很长一段时间里，这个团队看起来正在分崩离析。"

尼尔表示同意："是的，我也有那种感觉。而对我来说，这就是我采用合弄制的原因。"

拉凯什喝了一口啤酒。"我听到这个词已经很多次了，我越来越好奇它到底是怎么回事，也许你可以找个时间来给管理层讲讲？"

尼尔露出了笑容："当然，这是个好主意！"

7.4 回顾

他们成功了！在经历了 4 个月的起起伏伏之后，尼尔和他的团队现在可以举杯庆祝市场活动的推出了。是时候回顾一下他们的历程了！一切都是从波特兰签单开始的。这是一个让尼尔和他的市场营销团队展示能力的好机会。但这也是一个挑战，需要团队的生产力提高几个档次。最初，尼尔希望通过更多的管理和控制来实现生产力的飞跃。这个想法来自他自己的工作方法以及 GTD 无压工作法的启发。

然而，在和约翰谈话以后，他认识到团队生产力不仅仅是团队成员个人生产力的总和。

当约翰告诉他有一种"团队版本的 GTD 无压工作法"时，尼尔很感兴趣。这能帮助他的团队把生产力提高到一个新的水平吗？他决定试一试。在约翰的讲座之后，尼尔在他的整个团队面前签署了《合弄制章程》，并开始实施！

在实施的第一个阶段，他们根据当时各自的工作，在市场营销圈子中定义了各自的角色。作为新上任的圈子的引导链接，尼尔负责分配这些角色。

之后，他们为下一步做好了准备：治理会议。第一次治理会议肯定需要一些时间来适应。严格的结构没有留下多少讨论的空间；而且事实证明，约翰是一个严格的引导员。尽管如此，即使在第一次治理会议上，也有一些提案获得了通过。这些提案使圈子中的角色和对这些角色的期望变得更加清晰。"张力"这个词一次又一次地出现,并成为改善圈子角色结构的燃料。

一旦定义了角色,并且开过治理会议,实施合弄制的第二阶段就开始了:将角色与他们的日常工作联系起来。团队领悟到,角色有很大的自由,可以自主地作出决定,但同时也有责任。在"胜任你的角色"这堂培训课上,约翰介绍了担任一个角色必须承担的5个基本责任。尽管相对来说,这些责任是常识,但明确这些责任有助于他们认识到,并不是所有人都能履行好这些责任。

尤其是每周回顾,对他们中的很多人来说就是新鲜事。它需要自律,但也为你提供了一种平静和专注的感觉!

此外,事实证明,每周回顾可以为每周的战术会议做好准备。战术会议是合弄制中的最后一个主要部分。在战术会议上,通过清晰的指标和把每个角色的关键项目列在项目看板上,每个人的工作都是公开的。如果有人陷入困境或者突然感到张力,就可以及早发现,并立即澄清,然后制定出下步行动以及新的项目。

圈子也可以享受站立式短会为他们提供的工作节奏。他们每天早上在一起开会10—15分钟,就会节省出大量的时间。而这些时间,他们以前都花在许多简短的一对一沟通和大量的电子邮件上了。开站立式短会的另一个好处是,在白天的工作时间里,不再需要打断彼此的工作流程,这样他们就能更好地专注于以前几乎没有时间做的事情。

经过4个月的实施后,现在新的工作方式成了常态。索拉雅从约翰手中接过了引导员的角色,经过几次练习后,她几乎

第 7 章 分布式领导力

和约翰一样严格了。威尔被选为圈子的秘书,并经常受到称赞。他对治理会议和战术会议的输出,都记录得非常清晰。但转变最大的无疑是尼尔。以前,在使用"预测和控制"这种管理模式时,几乎累个半死。而现在,作为引导链接,他越来越轻松。圈子的清晰度和生产力的提高,为他们创造了空间,他和他的团队能够在很大程度上消化苏珊娜的突然离职带来的冲击。

从张力出发思考问题也变得越来越自然。仅仅在几次治理会议之后,他们的角色和职责就发生了相当大的变化。一些角色得到澄清,另一些角色则被分拆。一些在几个月前最初的培训课上被忘记的角色,又被添加了进来。他们把张力作为燃料,不断提升自己的治理能力。他们想出越来越多的解决方案和创意点子,这在以前是永远也想不出来的。以前,他们从未如此清楚地知道每个人都在做什么,都取得了哪些进展。尽管这 4 个月非常紧张,但他们做到了。这个团队——不,这个圈子——比以往任何时候都更具有生产力!

7.5 熟能生巧

一个新团队在学习合弄制时，他们的学习曲线由两个不同的阶段组成。在第一阶段（实施阶段），重点是圈子里的会议。毕竟，这是合弄制中最明显的元素，而且学习治理会议和战术会议的规则需要大量的注意力。特别是在治理会议上（在战术会议上也有），强调了很多和角色有关的事情。在第二阶段（整合阶段），他们的注意力开始转移到会议以外发生的事情上。角色不仅在会议中，而且在日常工作中变得越来越重要，影响着圈子的工作和交流方式。这意味着人们开始更多地行使他们的自主权，甚至像企业家一样行使角色的职责，越来越自如地使用角色的权限作出自己的决定。每周回顾和其他基本责任已经变成了可以信赖的习惯。

在合弄制的实施阶段，会议是中心，而在整合阶段，注意力从会议转移到角色的工作和协作上。

但这是否意味着我们大功告成了？还是说我们才刚刚开始？与"GTD 无压工作法"类似，合弄制与其说是一种模式或理论，不如说是一种持续性的实践。不幸的是，这意味着你永远不会大功告成，但这也意味着你有无限的潜力继续发展和深化这一实践。人们说"熟能生巧"，不是没有原因的！

使用"GTD 无压工作法"的老手经常说，每周回顾是成功的关键。如果你保持这个习惯，生产力会飞速提高。合弄制也是如此。如果你不能坚持使用它，会很容易回到旧的习惯和模式当中。外部的支持可以极大地帮助你摆脱那些旧有模式的引力，但你不能一直依赖这种"推动力"。那么，如何确保圈子保持它的高生产力呢？最大的陷阱是什么？

坚持使用合弄制的关键在于：
- 节奏和纪律；
- 引导员；
- 将角色与日常工作联系起来；
- 培训新人。

节奏和纪律

这是第一点，也很可能是最重要的一点。习惯的力量在于，你会下意识地去做，甚至不需要思考就会去做。正因为如此，建立一个可靠的会议节奏才如此重要。你可以把它看作圈子的"心跳"：包括站立式短会，你自己的每周回顾，然后是战术会议，以及每月的治理会议（如果需要，一开始可以一个月多开几次）。一些团队会有不同的节奏，会更频繁地召开其中的一些会议。一旦做了一段时间，你就会发现什么最适合你的圈子。

为你的圈子建立一个可靠的会议节奏，这样它就会成为你甚至不需要思考就会去做的习惯。

然而，最大的陷阱往往发生在这里。在每一次合弄制的实施中，都会出现一个时间（通常在3—6个月之后），你开始感到非常舒适。合弄制的规则和流程开始退居幕后，圈子的工作再次占据了中心位置。当然，这不仅是正常的，也是必要的。然而，这也是你可能想要偶尔跳过治理会议（"现在真的没有任何张力"）或者放慢会议节奏（"每两个月开一次会对我们来说足够了"）的时候。

这种逐渐侵蚀的过程不仅威胁到会议的节奏，也威胁到会议的结构和规则的严谨性，以及它们使用的语言。一开始总是无心之失：偶尔跳过了一些环节，走了一次捷径，在某个环节作出回应而没有被打断。

当然，会议的节奏和结构本身并不是目标。有时候有很好的理由去做不同的事情。但之所以设置这些结构和规则，就是为了打破一些坏习惯——与所有人讨论所有的事情，经常打断对方的谈话，拖延不决，等等。你可以把这种可靠的会议节奏和严格的会议结构比作引导你的精力和注意力的河床。如果过度地拉伸或移动它，你可能很快就会发现自己陷入了一个停滞的沼泽中。

引导员

引导员是在圈子的战术会议和治理会议期间执行规则并维护会议结构的角色。你可以把这些会议比作一场体育比赛。如果裁判不太关心比赛规则，或者有时关心有时不关心，局面很快就会失控。在意识到这一点之前，你已经花了一半的时间谈论比赛的规则，讨论某个球是否出界了。然而，有一个好裁判员，你就可以把所有精力都放在比赛上了。一个好的引导员也是一样的：你可以相信每一个张力都会在某个时间和地点得到讨论，并且有一个可靠的流程来处理它。只要引导员执行了规则，就不会出大错。但如果他未能做到这一点，你可以在下一次治理会议上使用综合选举程序要求重新选举引导员。

但是记住，即使是最好的引导员，也无法独自完成任务。只有遵守规则（偶尔需要引导员的提醒），你们才能像一个圈子那样工作。如果能依靠这一点，你就找到了放松型生产力的关键——不仅是个人，而是整个团队都会处于心流当中！

引导员的角色负责执行合弄制的规则，由此整个圈子可以进入心流状态。

将角色与日常工作联系起来

角色是合弄制的核心。通过定期召开治理会议，你可以确保这颗心脏持续跳动，并且可以根据张力，不断地对角色进行调整。但这仅仅是个开始。如果你只是在治理会议上查看圈子中的角色，那么你的角色就只是纸面上的东西。角色真正发挥作用的地方是在日常工作中。

个人并不是角色。你可以说正在"扮演"自己的角色。所以，在某种程度上，大家都是在进行"角色扮演"，只不过这是一个带有严肃目标的"角色扮演"：实现你的角色、你的圈子和整个组织的目标。通过角色的工作，你会帮助组织更接近它的目标。角色的职责描述了别人对你的期望，你要将它们转化为你日常工作中的项目和行动。

人们有时把角色看作理论上的描述，与日常工作相对独立。然而，在合弄制中，情况恰恰相反——角色真正描述了圈子对你的期望。你的角色和职责决定了你如何使用（以及不使用）

时间。某件事情是你这个角色负责的事情吗？如果不是，那就不能对你有什么期望。偶尔这样做绝对没问题，但要注意，不要在一个更持续性的基础上"拯救"圈子！为什么？因为这样做你就剥夺了这个圈子持续（而不是临时）澄清角色和职责的机会。因此，要反复练习说"这不是我的角色负责的事"，并把这些张力留到下次治理会议的议程上。

角色定义了别人对你的期望；用它们作为指导，决定你如何选择。

每周回顾和战术会议也是将角色与日常工作联系起来的好机会。在每周回顾中，你可以对照自己的角色和职责，看看你要开始哪些新的项目和行动。这就是在以一种积极的、企业家的心态来完成角色的工作，而不是等待外界的刺激，以一种更被动的方式前进。你可以在战术会议上做同样的事情：可以不断把讨论引到角色上来，培养圈子的"角色意识"。讨论的重点不应该在"谁"上，而应该在"哪个角色"上。通过认真对待自己的角色，积极赋予它们能量，你会很快发现张力以及需要澄清的问题。这是圈子持续地改进其工作的燃料。圈子借此可以更清晰、更流畅地工作！

培训新人

为了坚持使用合弄制，需要谨记的最后一点就是如何培训新人。合弄制是一种非常不同的工作方式，有新的习惯和新的语言，比如"张力"和"可行的"决策。当有新人加入团队时，你就会又一次意识到合弄制有多么不同。起初，新人可能会对会议的运行方式感到惊讶。因此，重要的是，要多花些时间帮助他们适应合弄制的工作方式。你不能指望不花时间解释规则，他们就会玩这个新的游戏！如果你这样做了，你就会冒着与每个新人一起逐渐倒退的风险，直到你发现自己又回到了起点。引导员通常可以在培训新人的过程中起到重要作用，因为这个角色非常熟悉会议的结构和合弄制的原则。

第 8 章

在一个组织中实施合弄制

第 8 章　在一个组织中实施合弄制

8.1　扩展到多个圈子

在本书中，我们把合弄制展现为一种提高团队生产力的方法。但是，一个高效的团队并不会自动转化为一个高效的组织（除非这个组织只由一个团队组成）。团队是一个更大的整体的一部分。团队内部的合作和协调面临的挑战也经常发生在团队之间。在许多情况下，它们甚至更加复杂。在传统组织中，解决这个问题是管理层的任务。权限集中在经理手上，他负责计划和管理。

正如我们在前面看到的，合弄制采用了一种非常不同的方法解决这个问题。它把权限分配给圈子中的角色，这些角色自主决定如何工作，以实现预期的结果。这些角色之间的协调不是由一个集中的角色（比如经理）完成的，而是由圈子中的会议完成的。

以下几个例子，就体现了这种分布式权限：角色向圈子汇报，角色设置自己的优先事项，并把这些优先事项对圈子中的其他成员公开（使用项目看板）。每个人都有权提出提案，对权限的分配方式进行调整（在治理会议期间），会议的议程是一起制定的，角色之间要为自己的工作向对方负责。引导链接确实承担了许多重要的职责，但它远不是传统经理那样的集权角色。

正如尼尔和拉凯什的冲突所展示的那样，在一个更大的传统组织内，使用合弄制的团队将不可避免地遇到挑战。如果你想把这些张力作为持续改进的燃料，就需要将合弄制扩展到团队之外。该怎么做？如何将合弄制扩展到多个团队，甚至拓展到整个组织当中？

这涉及我们在这本书中还没有谈到的关于合弄制的另一部分内容——不同的圈子如何在一起工作以实现组织的目标。合弄制不仅适用于团队，在组织层面上甚至更强大！虽然我们在这里，没有展开介绍这方面的内容，但我们希望至少能够让你了解一下合弄制在组织层面上的概况。

有机的圈子结构

到目前为止，我们关注的都是圈子内部发生的事情。但假设有多个圈子，每个圈子都基于合弄制的规则工作，那么这些圈子又该如何协调一致？你如何确保圈子之间的期望也像圈子内各个角色之间的期望一样清晰明确？

实施了合弄制的组织具有一种由圈子和子圈子组成的嵌套结构，它们之间通过双重链接相连。

若要真正理解合弄制的圈子结构，我们需要回到合弄制（Holacracy）这个词的原意：它的词根"cracy"是治理的意思，Holacracy这个词的意思就是由Holarchy治理。

而Holarchy的意思是一种自然的层次结构。比如人体，它由器官组成，而器官又由细胞组成；再比如句子，它由单词组成，而单词又由字母组成。

在合弄制中，组织结构是一个由圈子和子圈子组成的自然的层次结构。圈子和子圈子之间通过双重链接相连。

第 8 章 在一个组织中实施合弄制

在合弄制中,组织由圈子组成,而圈子又由子圈子组成。就像身体的器官一样,一个圈子在一个组织内部完成一定的功能。圈子的运行具有高度的自主性,但它同时也是一个更大整体的一部分。每个圈子都负责组织中一个特定的工作领域。这个工作领域可以对应一个产品或者一个部门。一个圈子的工作可以被分成更小的工作领域,这些领域又由自主工作的子圈子进行控制和管理。

为了说明这一点,我们可以举个例子。市场营销圈子控制着一个组织内所有产品的营销工作。每个产品是一个工作领域,由市场营销圈子里的子圈子管理。每个子圈子负责营销一个特定的产品。市场营销圈子本身又是一个更大的圈子——公司圈子的一部分。通过这种方式,这个组织就像一个由圈子和子圈子组成的有机结构,每个圈子都有它明确控制和管理的工作范围。

每个圈子都控制和管理着一个工作领域,并且可以逐级分解为负责更小工作领域的子圈子。

通常来讲,传统的组织结构可以作为一个起点,用来规划组织的圈子结构。但这只是一个起点,因为每个圈子都有充分的自主权来组织自己、管理自己。这就是说,一个圈子可以自主决定创建一个新的子圈子,而不必让"更高"的圈子参与决定。因此,圈子的结构不是自上而下设计出来的,而是通过有机的、分布式的过程发展出来的。正如我们看到的那样,这个过程发生在每个圈子定期召开的治理会议上,这些会议不仅定义和调整圈子中的角色,还包括它们的子圈子。

因此，多个圈子的情况与只有一个圈子的情况没有本质区别。而一个圈子的情况，正是本书阐述的重点。在这两种情况下，治理会议都是分配职责和权限的关键过程。这些职责和权限不仅分配到角色，而且分配到圈子和子圈子。

连接圈子

圈子是一种自然生成的层次结构，从覆盖较大领域的圈子，到覆盖较小的子领域的子圈子。但这并没有阐明，这些圈子之间是如何连接的。在传统的组织中，这种连接是由经理或主管建立起来的，他们连接着两个不同的组织层级。

合弄制采用了这种方案的一个变体：每个圈子都有双重链接，既要连接"更高"的圈子，又要连接它自己的子圈子。这种双重链接是通过定义两个核心角色来建立的：引导链接和代表链接。

这些角色确保了组织内部各层级间的信息和张力的双向流动。引导链接由上一级圈子指定，代表上一级圈子以及它对子圈子的需求。双重链接的另一半是代表链接，它代表子圈子，以及子圈子对上一级圈子的需求。引导链接和代表链接都参加两个圈子中的会议。引导链接确保自己圈子的工作与上一级圈子的目标和需求保持一致。代表链接将子圈子的观点带到上一级圈子的会议中，这样在上一级圈子的决策过程中，就会整合子圈子提交上来的信息和张力了。

圈子是通过双重链接相连的。双重链接由引导链接和代表链接两个角色组成，这确保了两个圈子的双向沟通和协调一致。

第 8 章　在一个组织中实施合弄制

　　这种双重链接存在于组织的所有层级当中,并确保信息在两个方向上顺畅流动。它还可以确保在组织的一个部分中发现的张力,可以迅速有效地传递到相关的圈子里。通过这种方式,合弄制不仅可以在一个或多个团队中使用,还可以作为整个组织的综合管理系统使用。

8.2 下一步

对于你的角色、你的团队和你的组织来讲,你是一台独一无二的传感器。甚至在读这本书的时候,你恐怕也会留意到你现在的状态和未来可能的状态之间的差距!也许它已经帮助你用新的眼光看待现在的处境。希望这本书能给你带来灵感,了解你的团队或你的组织可能达到的高度。无论引起你思考的事情是大是小,它们都是一种张力。而最大的问题是:当你读完这本书后,你将如何处理这些张力?

张力当中包含着能量,可以用来驱动某件事物。合弄制的承诺是,你可以在一个团队,甚至在整个组织中,用这样的方式把每一个张力都变成持续改进的燃料。但是,如何让这个承诺变成现实?如何利用你感觉到的张力向前迈进一步?首先,让我们看看能否澄清这些张力。你还记得可以问哪些问题来澄清并处理一个张力吗?

- 你的角色关心这个张力吗?
- 你圈子里的其他角色关心这个张力吗?
- 你的圈子关心吗?
- 你的组织关心吗?
- 你个人关心吗?

接下来就是有趣的部分了!一些读者会得出结论,他们感觉到的张力——当前的工作方式和合弄制提供的可能的工作方式之间的差距——确实是他们的角色负责的事情。还有一些人会发现，这个张力"不是他们的角色负责的事情"，但他们可以告诉组织中的另一个角色或另一个圈子。最后还有一种可能，你不知道在团队或组织中，谁应该负责这个张力。在这些情况下，最后一个问题仍然存在：你个人关心吗？如果你已经读到这里，那么这个问题的答案很可能是"是的"！那么，无论是对你个人还是对你的组织来讲，你是否希望利用你的张力作为改变的燃料呢？你要能这样想，那就太棒了！

采取行动，促成变化

你是否认为你的团队或你的组织还没有为分布式权限做好准备？甚至没有实验这种方法的空间？那就采取行动，按照你的希望去促成变化吧！需要明确的是：光靠你自己是无法实施合弄制的。毕竟，这是一种提高团队生产力的方法。你能做的就是使用这个方法中的要素，为自己创造更多的清晰度。下面是一些例子，告诉你如何使用本书中提供的方法：

- 保存一份你当前的项目和下步行动的完整综述。放空大脑，把所有的东西都放在这个外部存储器里。整理一个"等待"清单，列出你需要跟进的未完成的和委托别人完成的任务。养成习惯，总是制定出清晰的下步行动，以及预期的结果，并在团队会议期间为他人提供你的行动清单。阅读戴维·艾伦的《搞定：无压工作的艺术》一书，深入了解如何建立一个有效的系统，为自己的工作提供一个动态的、清晰的整体概述（见附录一）。

- 建议以一种不同的方式来进行你们的常规运营会议，并由你来充当引导员角色。从签到环节开始，简短地更新一下每个人正在做什么。然后一起制定议程，欢迎每个人提出自己的议程事项。确保所有的议程事项都在规定的时间内完成。在做这件事的时候，你需要持续关注议程事项的提出者有什么需求，以及下步行动是什么。请另外一个人把这些写在行动清单上，包括需要采取下步行动的人的名字。把会议的最后 5 分钟花在结束环节上，这样每个人都可以分享他们对会议的反思！

- 建议维护一块实体项目看板，把每个人都在做什么，以及他们的进展情况都公布出来。用一个预期的结果定义项目，就好像它已经完成了一样（例如，"创建项目看板并填写完成"）。和大家一起每天或者至少每周回顾一次（可能是在站立式短会上，或是在战术会议上回顾它），并进行一轮更新。

- 在处理复杂问题时，提出一种不同的方法，然后向大家介绍综合决策流程。请某人准备一份提案（提案内容只有一两段话，而不是一份多页的文件）。事先征得别人的同意，在必要时可以打断他们的谈话。从澄清环节开始。然后依次询问每个人对这个提案的简短回应。最后，进行反对环节：这个提案是否可行，或者你是否看到了一个我们至少在一段时间内不能尝试它的具体原因？把所有反对意见都写下来，并在整合环节中使用它们修改提案，形成一个可行的提案；接着再进行一轮反对环节。如果没有（进一步的）反对意见，那么提案就获得通过！

- 连续几周记录你的日常活动，并用它来描述你的角色和职责。与你的职位描述（如果有的话）相比较，并与你的经理和团队一起讨论。询问他们的意见，或者更好的做法是，询问他们对你的期望（最好是以动词开头的明确的职责表述，比如"维护网站"）。向同事们提出建议，可以帮助他们完成同样的事情。一个人一个人地做，或者大家一起做都可以，目的是明确彼此的期望（参见第 3 章）。

实施合弄制

你想再往前走一步，在自己的团队中实施合弄制吗？你的经理准备好试一试分布式权限了吗？团队是否真的有一个需要所有成员一起合作来完成的目标？如果这些问题的答案都是肯定的，那么你就可以把你的团队变成一个圈子了！

一个圈子的理想人数是 6—8 个人。不过通常情况下，4—10 个人也可以工作得很好。如果人数较少，你可能要问自己是否真的有必要引入太多的正式结构。如果圈子超过 8 个人，你会发现开会的时间会比较长，也更具挑战性。此外，次一级的小组通常会自然而然地出现，表明你要处理的可能不止一个圈子。

让我们花一分钟的时间重温一下实施步骤。第一步是由当前的权限拥有者（通常是经理）正式同意采用《合弄制章程》。通过签署这个章程，经理表示他愿意放弃控制和管理这个团队的权限。这一权限现在转移到圈子的治理会议中，人们将在那里决定如何分配职责和权限。以前的权限拥有者通常在圈子中担任引导链接这个角色。

这是重大的一步。但同时，这也仅仅是第一步。

下一步是定义角色和职责的初始结构。由于这些角色和职责将在治理会议上不断进行调整，因此建立一个可行的起点就足够了。确定初始角色的最快和最简单的方法是澄清当前的实际情况。每个人都在做什么？哪些行动和职责自然地联系在一起？你可以在第 3 章中找到说明，指导你一步一步往下做。

在某个媒介上（实体媒介或数字媒介）发布这个初始结构，确保每个人都能轻易访问到。因为角色和职责在每次治理会议后都会发生变化，所以维护一个最新的版本很重要。共享文档可能就足够完成这件事了，但你也可以使用软件引导你一步一步地完成合弄制的会议，并自动保存会议结果（见附录二）。

现在到了开第一次治理会议的时间了！引导链接指派一个人担任临时引导员，直到圈子在这次会议的晚些时候，选出一个常任的引导员和秘书为止。大家根据张力一起制定一个会议议程，并使用综合决策流程处理每个张力。最后是结束环节，每个人都有机会分享他对第一次治理会议的反思！要求新当选的秘书定期安排每周一次的战术会议和每两周一次的治理会议（稍后改成每月一次可能更合适）。

接下来，为第一次战术会议制作一个项目看板，可以是实体的，也可以是数字的，上面写上所有圈子成员的当前项目。

当选的引导员主持战术会议，秘书记录下步行动和项目。在开始时，要格外注意指标核查和项目进展环节。一旦这些环节顺利进行，你就会在更早的时候发现张力，并可以立即采取行动！

都做完了？那么这个圈子就已经按照合弄制在运行了！在清晰度和生产力上的真正飞跃需要你持续地实践，所以你要确保会议的节奏。在前面的章节中，我们已经提到了一些技巧和陷阱，在几周或几个月后对它们进行回顾是很有价值的。如果你只能记住一件事,那么就记住"严格要求才是真爱"。这个原则适用于每个人,但尤其适用于圈子中的引导员。合弄制的会议具有高度的纪律性和严格的结构,它们都是由引导员强制执行的。如果你的引导员对此漫不经心,或者在必要时很难打断别人的谈话,那么会议将逐渐失去固有的力量和清晰度!

提高团队生产力的承诺

这本书的一个基本前提就是,团队生产力并非个人生产力的总和。然而,这句话反过来也成立:团队生产力也不是个人生产力的保证。因此,我们在这里的承诺是同时提高个人和团队的生产力。《搞定:无压工作的艺术》一书的作者以及这一方法的创立者戴维·艾伦,在 2011 年决定在自己的公司采用合弄制。他把 GTD 无压工作法和合弄制的结合称为"组合拳":它们在一起实现了生产力的量子跃迁!

就像 GTD 无压工作法为你个人的工作创建了一个可靠的系统一样,合弄制为团队和整个组织的工作创建了一个可靠的系统。你很清楚别人对你的期望是什么,你要负责的东西是什么。你可以用你所有的能量和创造力来推动你的角色前进,而不是在办公室政治和演戏上浪费无穷无尽的时间和精力。你没有必要在任何时间都去寻找共识,因为在你自己的角色中,你有权自主作出决定。你领导着自己的角色,而且知道其他人也在领导着他们的角色。

与此同时,这个组织的各个传感器对张力会变得越来越敏感,对事情没有达到它应该或可能达到的位置变得越来越敏感。

随着清晰度的提高,人们会越来越注意到那些看起来尽管还好，但有可能变得更好的东西。圈子会作出可行的决定，不断进行多个或大或小的实验，并在遵守纪律的情况下，对它们进行实地测试。

新的想法会从最意想不到的角落里冒出来，并立即流向相关角色，而不是成为办公室政治或无休止的会议的牺牲品。诸如"张力"、"可行的决定"和"不反对"这类合弄制中的语言，会日益渗透到组织的文化中，取代问题、指责和错误等旧的话语体系。你会充分发挥每个人的技能和才能。而且，由于角色和个人之间的明确区分，每个人都能全力以赴地展现能力。

当你以为已经到达山顶时，你会发现，自己才刚刚开始。爬得越高，看到的就越多。有一件事是你永远不必担心的——无论走多远，你总能从张力中获得无限的能量来源。祝你成功！

第 8 章　在一个组织中实施合弄制

后　续

当尼尔走进会议室时，整个管理团队都已经坐好了。他坐下来，拉凯什开始主持会议。

"尼尔，我们所有人再次向你致敬——干得好！我们希望你能更多地讲讲合弄制的事情。能不能给我们简单解释一下它是什么，你和你的团队是如何使用它的呢？"

尼尔抬起头："合弄制是……嗯……这不是三言两语就能解释清楚的。它是一种工作方法，一种思维方式……不管怎样，在真正理解它之前，你必须实践一段时间。"

拉凯什不耐烦地说道："我真正想知道的是……你们在很短的时间内就取得了惊人的成绩。我认为这个组织中会有更多的团队可以从这种方法中受益。"

尼尔笑了："我也这么认为。"

拉凯什继续说道："我想问的是，你可以帮助其他团队实施合弄制吗？"

尼尔想了一会儿。

"可以吗？"

尼尔说："我以前也想过这个问题……所以，是的，我可以。"

"太好了！"

"不过你甚至可以再往前走一步。"

拉凯什问道："你这话是什么意思？"

"如果你真的想体验合弄制的力量，我认为最好的方法是在整个组织中实施它。"

"是的，我就是这个意思。你，或者你的团队，愿意作为其他所有团队的教练吗？"

"我指的是整个组织，包括高级管理层。"

大家都沉默了一刻。

拉凯什皱眉道："这有点超出了我的构想。你的意思是我们也应该采用这种工作方法？"

"是的。"

"你为什么这样想？"

尼尔解释说，合弄制可以作为团队层面的管理系统，但它在组织层面上会带来更大的清晰度和生产力。他接着说："这样我们就能突破到一个全新的水平。"

拉凯什问道："假如我想尽快做这件事，作为首席执行官，我能作出这个决定吗？"

尼尔笑了："这会是你作为英雄式领导作出的最后一个决定。"

"你说什么？"

尼尔解释道："开个玩笑。是的，你可以。"

"你能在5个月内完成这件事吗？"

尼尔立刻感觉到了张力。他想到了在波特兰签单时发生的事情，这一切都是从那里开始的……现在又来了。"在我们给自己设定一个新的最后期限之前，我们要不要先和约翰谈谈？"

拉凯什回答道："当然可以。你能尽快把他请来吗？"

尼尔微笑着说："不反对；这在我看来是一个可行的决定。"

附录一　GTD 无压工作法

GTD 无压工作法是一种对各种协议、信息和沟通进行有效管理，提升个人生产力的方法。它是由美国作家戴维·艾伦创造的，他在 2001 年出版了同名书籍。这种方法已经被全球数百万人所接受，并成为许多组织的规范。

GTD 无压工作法的关键就是在大脑的思维环境之外，维护一套外部系统。这个系统建立的方式可以让你相信你正在做的选择是正确的。它可以让你的思想保持自由，这样你就可以在一个平静和放松的环境下工作了。

人们经常把戴维·艾伦和史上最成功的管理学书籍《高效能人士的七个习惯》(The 7 Habits of Highly Effective People) 的作者史蒂芬·柯维（Stephen Covey）作比较。柯维的方法是从定义个人使命的宣言开始，然后转化为每周和每天的计划；而艾伦的出发点是控制哪怕最微小的细节。这意味着对大多数人来说，GTD 无压工作法是从一些"无聊"的小事开始的，比如清理个人的桌子、文件柜或邮箱。但这仅仅是个开始。

艾伦的方法不仅具有发人深省的实用性，而且在付诸实践时，还有许多令人惊讶的深远影响。长期实践 GTD 的人会：

- 压力更少，因为他们已经学会了放空自己的大脑。
- 创造力更强，因为他们的大脑中不再充斥着那些琐碎的问题。

- 更能集中注意力，因为他们总是会清醒地选择要做什么事。这让他们能够抵制自己的冲动和来自他人的干扰。
- 体验更多的"心流"，因为他们一直在训练如何快速地凭直觉作出决定。
- 更快地工作，因为他们整理了自己的工作流程，将摩擦减少到最低限度。

艾伦认为，要想在工作和生活中提高效率，你需要做到两件事：控制和展望。这就像开车一样：双手放在方向盘上，眼睛看着路。

控制是指要抓住那些尚未清楚地作出选择，但潜意识认为必须做点什么的东西（戴维·艾伦称之为材料或未尽事宜；在这本书中，我们称之为张力）。

实现控制是一个连续的过程，包括5个步骤：

1. 收集：把所有的"材料"（电子邮件、想法、文件）条理清晰地放在一个可靠的地方（你的收件箱）；

2. 澄清：接下来，决定如何处理每个材料；

3. 组织：把这些决定的结果保存在头脑之外的一个外部系统中；

4. 回顾：要确保你的系统是最新的，而且要每隔一段时间后退一步进行反思；

5. 执行：基于所处的环境、可用的时间、精力水平和优先级，对要做的事情作出快速的、从直觉出发的决定。

展望是指你前进的方向。它会让你对工作和生活的各个层面看得越来越清晰。这种清晰意味着你越来越能感觉到什么对你最重要（优先事项）。艾伦谈到了在每一个层次上，你都需要与自己经常进行的对话：

1. 我现在要做什么？（下步行动）
2. 我需要完成什么？（项目）
3. 我需要维护什么？（角色和职责，或者你负责的领域）
4. 我想要取得什么成就？（目标和宗旨）
5. 我理想中的工作和生活是什么样的？（愿景）
6. 我为什么在这里？（目的及原则）

附录二　合弄制

本附录对合弄制中的许多内容做了很好的概述,你可以在实施合弄制的时候使用它们。你还可以找到对于4个核心角色的详细责任的描述:引导链接、代表链接、引导员和秘书。

合弄制是由布赖恩·罗伯逊创造出来的一种管理技术。Holacracy©是HolacracyOne公司的注册商标。这家公司总部位于美国,提供合弄制的培训和实施服务。

有关合弄制、《合弄制章程》、合弄制软件,以及实施合弄制的服务支持方面的更多信息,请访问网站:holacracy.org。

治理会议

治理会议的结构是这样的:

- 签到环节——这是一个简短的环节,每个人轮流分享脑子里正在想的事情,这样就可以放下这些事情,全身心地投入到会议中来。不允许讨论。
- 制定议程——根据张力现场制定议程。每个议程事项用一两个关键词写出来就可以了。不允许讨论。

■ 处理议程事项1——按步骤使用综合决策流程(见下文)处理每一项议程;

■ 处理议程事项2;

■ 等等。

● 结束环节——这是一个简短的环节，每个人轮流分享想法和学到的东西，然后结束会议。不允许讨论。

综合决策流程

采用综合决策流程处理治理会议中的议程事项。步骤如下：

● 提出提案——议程事项的提出者解释张力并提出提案。不允许提问或作出回应。

● 澄清问题——任何人都可以向提案者提问，以便更好地理解提案。只有提案者可以回答提问。"我不知道"或"提案中尚未明确"都是有效的回答。不允许讨论。

● 回应环节——除提案者外，每个人可以对提案作出简短的回应。不允许讨论。

● 修改及澄清——提案者可以选择修改或澄清提案。不允许讨论。

● 反对环节——引导员询问每个人，包括提案者，"反对"或"不反对"这个提案。记录反对意见，如有必要，由引导员测试它是否有效。不允许讨论。如果没有反对意见，提案就会获得通过。

● 整合环节——这个环节的目的是将每个人的反对意见整合到提案中，形成一个可行的提案。其他人可以提供帮助，但主动权掌握在提案者和反对者手中。一旦引导员确认修改后的提案整合进了反对意见，并仍然可以解决提案者最初的张力，就会进行下一轮反对环节。

测试反对意见

引导员可以使用以下标准测试反对意见,以确定反对意见是否有效:

1. 提案造成了伤害(它是不可行的);
2. 反对意见是提案的直接后果(是由提案产生的);
3. 反对意见是基于数据的(而不是基于对未来可能发生的事情的恐惧或预测——除非你知道你不可能在重大伤害发生前再重新审核提案,因此对未来进行预测是明智的);
4. 提案限制了反对者的一个角色的功能;
5. 由于提案违反了合弄制的规则(在《合弄制章程》中的定义规则)而引起的反对意见总是有效的。这方面的一个例子是提案超出圈子的权限。

每周回顾

每周回顾是"和自己开一次会",放空大脑,更新综述文件,确保行动和项目列表是完整的、最新的。你可以使用下面的流程:

- 收集——用下面这个触发列表,列出你的张力和悬而未决的事情;包括所有的笔记、语音邮件、文档、下载等:

■过去1—2周未读(或未处理)的电子邮件;

■过去1—2周的日程安排;

■接下来2—3周的日程安排;

■你的"等待"列表;

■你的"纳入考虑"列表;

■你目前的角色和职责(至少每个月回顾一次);

■你的大脑（所有仍然没有清空的、你必须做点什么的东西）。
• 澄清和整理——对于收集上来的每一张力，问自己以下几个问题：

■有任何一个你担任的角色关心这件事吗？如果有，那么就制定下步行动；如果符合条件，就制定预期的结果（项目）。如果没有，就把它交给关心它的角色或圈子，把它放在你的"纳入考虑"列表中，或者忽略它；

■如果解决一个张力花不了两分钟，那就马上去做（因为在这种情况下，澄清和整理会花更多的时间）。

• 维护你的综述文件。检查各个列表，确保它们是完整的和最新的：

■行动（他们清楚吗？）；

■项目（预期的结果清楚吗？它仍然准确吗？每个项目的行动清单上都至少有一个下步行动吗？）；

■角色和职责（它们还能反映现实吗？你希望接手新的项目吗？你在治理会议上有什么议程事项吗？）；

■"等待"列表（它们还是最新的吗？你有什么需要跟进的吗？）；

■"纳入考虑"列表（上面有什么你想激活的事情吗？你有什么想从列表上去掉的事情吗？）；

• 设定优先级——在完成每周回顾时，问自己下面这些问题：

■你如何在众多的角色、项目和下步行动中，分配你的精力和工作重点？你现在要做什么，什么可以推迟到以后再做？如果可以的话，用圈子的战略和优先事项指导你的选择；

■过一遍你的项目列表,选择你这周要做的项目。别忘了更新圈子的项目看板!

战术会议

战术会议的结构:

• 签到环节——这是一个简短的环节,每个人轮流分享脑子里正在想的事情,这样就可以放下这些事情,全身心地投入到会议中来。不允许讨论。

• 清单核查——引导员会按照一张重复任务清单逐一核查;相关角色用简单的"完成"或"没有完成"回答,表明是否在前一段时间内执行过该任务。不允许讨论。

• 指标核查——每个角色轮流报告前一段时间内分配给他们的指标。不允许讨论,但允许澄清问题。

• 项目进展——圈子中的成员简短更新前一段时间内各自项目的进展情况。不允许讨论。

• 制定议程——根据张力现场制定议程。每个议程事项要有明确的提出者,用一两个关键词写出来就可以了。不允许讨论。

■处理议程事项1——要在有限的时间内处理完所有的议程事项,一次处理一个人提出的一个张力。提出者解释张力以及他的需求是什么。其他人可以通过提问或提供意见来为提出者提供帮助。处理每个议程事项都是通过确定下步行动或项目(如适用)来完成的。

■处理议程事项2;

■等等。

● 结束环节——这是一个简短的环节，每个人轮流分享想法和学到的东西，然后结束会议。不允许讨论。

实施步骤

下面是在一个团队中实施合弄制的（简化）步骤。详情请参见本书相关章节。

● 正式接受《合弄制章程》（你可以在 holacracy.org 网站上找到它）；

● 根据团队当前的实际情况定义初始的角色和职责；

● 在某个系统上发布初始的角色和职责，确保团队成员都可以访问到；

● 召开第一次治理会议，并选出引导员和秘书；

● 制作一个项目看板，上面写上当前的项目和负责的角色；

● 召开第一次战术会议，定义清单核查以及指标核查中的项目；

● 要求秘书按照一定的节奏，定期安排战术会议和治理会议。

合弄制中的核心角色

以下对核心角色的简单描述，来自《合弄制章程》4.1 版。访问 holacracy.org 网站可以获得最新的完整的章程。

引导链接职责：

● 将圈子的工作分解并整理成清晰的角色和职责；

● 将角色分配给圈子中的成员，监控是否合适。如果有更合适的人，就将角色重新分配给这个人；

- 在圈子的各个项目和角色之间，分配圈子的资源；
- 确定圈子的战略和优先事项；
- 定义并分配指标，让这些指标反映出圈子的业绩。

代表链接职责：

- 帮助上一级圈子了解这个圈子的健康状况；
- 把这个圈子中的张力带到上一级圈子中去。

引导员职责：

- 根据《合弄制章程》中规定的合弄制规则，主持圈子的治理会议和战术会议。

秘书职责：

- 定期安排圈子的治理会议和战术会议；
- 记录圈子的治理会议和战术会议的有效输出；
- 维护一份有关圈子的角色和职责的完整的、最新的综述。

术语表

下面是本书中一些常用术语的解释。

职责（Accountability）：期望一个角色完成的持续性活动。担任角色的人有完全的自主权，可以采取他认为有必要的任何行动和决定来履行职责。

自主权（Authority）：代表你的组织采取行动或作出决定的权利。

基本责任（Basic Responsibility）：在每个角色的特定职责外，任何角色都要承担的一般责任。

签到环节（Check-In）：一个简短的环节，每个人轮流分享他们脑子里正在想的事情，这样就可以放下这些事情，全身心地投入到会议中来。不允许讨论。

结束环节（Check-Out）：一个简短的环节，每个人轮流分享他们的想法和学到的东西，然后结束会议。不允许讨论。

圈子结构（Circle Structure）：一个由圈子和子圈子组成的有机结构，由双重链接（详见下文）相连。

圈子（Circle）：组织的一部分，由角色组成，在组织内部实现某个特定的目的。

需要澄清的问题（Clarifying Question）：在治理会议中，在进行综合决策流程的澄清问题环节时，一个旨在更好地理解提案的问题。

合弄制章程（Constitution）：一份包含合弄制核心规则和流程的文件，包括相关角色和人员的权利、义务以及权限。这个章程通过当前权限拥有者的签名正式生效，成为实施合弄制的基础。完整的版本可以在 holacracy.org 上找到。

　　预期的结果（Desired Outcome）：需要不止一次行动才能达到的预期的结果。

　　分布式权限（Distributed Authority）：这种情况是指职责和权限被分解到圈子和角色当中，它们自主运行，实现各自的目的。

　　分布式领导力（Distributed Leadership）：在这种情况下，领导力反映在严格定义的、具有明确职责和权限的角色当中。这意味着在不同的时间，针对不同的事情，一个人可能是领导者，也可能是被领导者。分布式领导力和集权式领导力正好相反。集权式领导力的管理和权力集中在一个或几个角色——例如首席执行官、经理或团队领导——的手上。

　　管辖领域（Domain）：由一个圈子或角色独立控制的组织内部的资产或活动。

　　双重链接（Double Link）：圈子和子圈子之间的链接。它由两个角色组成：由圈子（的引导链接）指定的引导链接，以及由子圈子选举出的代表链接。

　　动态操作（Dynamic Steering）：以张力为燃料的持续性调整和改进的过程（和基于假设和想象的预测-控制模式相反）。

　　引导员（Facilitator）：通过综合选举程序选举出的核心角色。负责主持圈子的治理会议和战术会议。

　　GTD 无压工作法（Getting Things Done）：一种放空大脑，

在轻松的状态下提高个人生产力的方法。

治理会议（Governance Meeting）：在这个定期召开的会议上，圈子就它的角色、职责，以及政策作出可行的决定，并选出相应的选举角色。这个会议有一个固定的格式。人们根据张力当场制定会议议程，并使用综合决策流程处理每个议程事项。

英雄式领导力（Heroic Leadership）：一种在正式的角色和职责之外，个人承担责任的模式。这种模式剥夺了组织为应对某个张力或挑战，而制定一个结构性解决方案的需求和机会。

合弄制（Holacracy）：一个提升团队和组织的生产力的框架。它基于分布式权限，并使用张力作为持续性改进的燃料。

合弄制实施（Implementation）：实践合弄制的过程。这个过程从批准《合弄制章程》开始，然后对照当前工作，定义初始的圈子、角色和职责，并学习合弄制的规则和程序，包括完全的分布式权限，和定期召开的治理会议以及战术会议。

个人行动（Individual Action）：在现有的角色之外有意识地采取的行动。如果这种行动成为一种模式，就必须将它提交到圈子的治理会议上，以便用一种更具结构性的解决方案处理它（例如添加一个角色）。

整合环节（Integration）：综合决策流程中的一个环节，用于在治理会议上处理张力。这一环节的目的是将有效的反对意见整合到一个提案中，形成一个足够安全的提案，并在后续的反对环节中得到确认。

综合决策流程（Integrative Decision-Making）：一个由许多环节组成的决策过程，用于在治理会议中处理张力。它的目的是在涉及圈子的角色和职责、政策和选举的事项上，将相关视角整合到可行的决策当中。

综合选举程序（Integrative Elections）：一个由许多环节组成的决策过程，用于在治理会议中选出最适合担任圈子的选举角色的人（代表链接、引导员和秘书）。

引导链接（Lead Link）：一个核心角色。由上一级圈子的引导链接指定，负责引导这个圈子实现它的目标。引导链接和代表链接一起组成了双重链接。引导链接有许多具体的责任，包括分配角色和圈子的资源。

指标（Metric）：一种定量或定性的标志，可以反映出圈子的健康状况和业绩。在战术会议上，要进行指标核查。

下步行动（Next-Action）：为了缓解张力或达到预期的结果而进行的下一步的实际动作。

提名（Nomination）：推荐最适合担任圈子的选举角色的人。

反对意见（Objection）：可以证明一个提案会造成伤害或者让圈子后退的合理理由。

预测-控制模式（Predict-And-Control）：一种思维方式和程序。它基于对未来的假设和想象，预先制订详细的计划，然后以一种可控的方式执行这个计划的各个步骤（与"动态操作"相反）。

优先事项（Priority）：根据特定的角色、圈子或整个组织的目标，明确选择的最重要的事情。

项目看板（Project Board）：一份圈子成员都可以看到的圈子中最相关的、正在进行的项目综述。项目看板为圈子的工作进展和优先事项提供了透明度。

项目（Project）：需要不止一次行动才能达到的有预期的结果。

估算（Projection）：基于对你所做工作的完整的和最新的了解，对你何时能完成某件事的符合事实的估计（与盲目地保证相反）。

提案（Proposal）：改变圈子运行方式的建议。如果建议被接受，将解决或缓解某个张力。这是综合决策流程的第一个环节，用于处理治理会议中的议程事项。提出这个议程事项的人是提案者。

回应环节（Reaction）：在治理会议的综合决策程序中，对提案进行简单的回应。

代表链接（Rep Link）：通过综合选举程序选出的核心角色。代表链接代表本圈子参加上一级圈子中的会议。代表链接与引导链接一起组成了链接上一级圈子的双重链接。

角色领导力（Role Leadership）：领导一个定义明确的角色工作。利用角色的权限自主地行动并作出决定，以达成角色的目标，并履行角色的职责（与"英雄式领导力"相反）。

角色（Role）：组织中的一部分，在组织中实现特定的目的，并承担特定的职责。角色是圈子的一部分，由圈子的治理会议定义，并由引导链接分配给圈子中的成员。

秘书（Secretary）：通过综合选举程序选出的核心角色。负责定期安排圈子的治理会议和战术会议，记录会议的有效输出，维护一份有关圈子的角色和政策的完整的、最新的综述。

传感器（Sensor）：在合弄制的语境下，每个人都是一台传感器，可以利用自己独特的背景和视角感知张力。

站立式短会（Stand-Up）：一种简短的日常会议，圈子中的成员在这个会上分享工作进展，并确定张力。会议是站着进行的。

战术会议（Tactical Meeting）：在这个定期召开的会议上，圈子同步它的工作进展以及优先事项。它有一个固定的格式，其中的议程是根据张力当场制定的，每一项议程都会得到迅速的澄清和处理，制定出下步行动和项目（如果有必要的话）。

团队（Team）：一群人一起努力实现一个共同的目标（和圈子不同，圈子由角色而不是由人组成）。

张力（Tension）：事情现在的样子和可能的样子之间的差距。张力当中包含着信息和能量，可以作为燃料推动组织向目标前进。

有效的反对意见（Valid Objection）：如果一个反对意见符合《合弄制章程》规定的标准，它就是一个有效的反对意见。

等待列表（Waiting-For List）：所有未完成的请求，以及你正在等待的某事或某人的结果。在GTD无压工作法中，它是"可靠系统"中的一部分。

每周回顾（Weekly Review）：每周"和自己开一次会"，放空大脑，更新保存着你的项目和行动的可靠系统。它可以很好地帮助你主动选择做什么以及不做什么，避免你持续性地对最新的、声音最大的事情作出反应。

可行的（Workable）：只要足够好、足够安全，就可以尝试；而且有必要的话，你（几乎）总是有机会对它进行调整。这一概念降低了决策的门槛，它鼓励实验和快速迭代（与基于对未来的假设和想象的"永远完美"的决策相反）。